Mit Ausflügen rund um

BERLIN

Stadtführer spezial

DIE AUTOREN

Ortrun Egelkraut, freie Journalistin, Redakteurin und Reisebuchautorin, ist – wie die meisten »echten« Berliner – nicht in der Stadt geboren. Vielleicht ist das die Voraussetzung, um Berlin immer wieder neu zu entdecken, Potsdam und weiteres Umland inklusive. Und wenn es doch einmal weiter weg gehen soll, dann heißen die Ziele Mexiko und Zentralamerika: Im VISTA POINT Verlag erscheinen neben Berlin außerdem ihre Reiseführer Mexiko und Costa Rica.

Niklas Bode reist leidenschaftlich gern und schreibt darüber in seinem Reiseblog »Urban Meanderer«. Besonders angetan haben es ihm Streifzüge durch Metropolen – allen voran Berlin. Da auch Dutzende Besuche seine Begeisterung für die Erkundung der deutschen Hauptstadt nicht abklingen ließen, ist er stets auf der Suche nach faszinierenden Berliner Orten, die er bei zukünftigen Reisen ansteuern kann.

www.vistapoint.de

INHALT

ERLEBEN & GENIESSEN

CHRONIK

SERVICE VON A BIS Z

ORTE AUS »1000 PLACES TO SEE BEFORE YOU DIE«

Zeichenerklärung

Top 10
Das müssen Sie gesehen haben

Mein Berlin
Lieblingsplätze des Autors

Vista Point
Museen, Galerien, Architektur und andere Sehenswürdigkeiten

Kartensymbol: Verweist auf das entsprechende Planquadrat der ausfaltbaren Karte bzw. der Detailpläne im Buch.

Das Brandenburger Tor bei Sonnenaufgang

Berliner Stadtbild, auf dem Dach des Potsdamer Platzes

BERLIN
Spandau
Reinickendorf
Pankow
Lichtenberg-
Marzahn – Hellersdorf
Mitte
Friedrichshain – Kreuzberg
Charlottenburg – Wilmersdorf
Tempelhof – Schöneberg
Neukölln
Steglitz – Zehlendorf
Treptow – Köpenick
0 50 km
Velten
Hohen Neuendorf
Schönwalde
Bernau
Zepernick
Marwitz
Stolpe
Mühlenbeck
Schildow
Glienicke/Nordbahn
Schwanebeck
Elisenau
Löhme
Werneuchen
Seefeld
Birkholz
Bötzow
Hennigsdorf
Siedlung Schönwalde
Lindenberg
Blumberg
Wegendorf
Paulshof
Altlandsberg
Ahrensfelde
Strausberg Vorstadt
Falkensee
Flughafen Berlin-Tegel
Tegeler See
Havel
Neuenhagen bei Berlin
Fredersdorf
Petershagen
Vogelsdorf
Hoppegarten
Rohrbeck
Seeburg
Schöneiche bei Berlin
Groß Glienicke
Kalksee
Woltersdorf
Spree
Großer Müggelsee
Sacrower See
Gr. Wannsee
Fangschleuse
Erkner
Teltowkan.
Langer See
Seddinsee
Klein-machnow
Teltow
Groß-ziethen
Schönefeld
Neu Zittau
POTSDAM
Stahnsdorf
Waßmannsdorf
Flughafen Berlin-Schönefeld
Eichwalde
Wernsdorf
Oder-Spree-Kanal
Waltersdorf
Zeuthen
Zeuthener See
Kleinbeeren
Mahlow
Güterfelde
10
111
96
96a
11
158
114
2
5
1
100
115
113
179
117
101

Willkommen in Berlin

Berlin ist hip, Berlin ist cool, Berlin setzt Trends! Jahr für Jahr kommen mehr Besucher in die deutsche Hauptstadt, die längst eine der aufregendsten Metropolen Europas ist – und ein Magnet für alle, die auf einem Städtetrip das Außergewöhnliche suchen. Ob das pulsierende Nachtleben oder die grenzenlose Einkaufswelt, ob rauschende Party oder romantisches Genießen, ob einzigartiges Kultur-Event oder herausragendes Sportereignis: Berlin bietet all dies und noch vieles mehr. Ganz vorne an steht die Erkundung der sich ständig wandelnden Stadt mit ihrer lebhaften Gegenwart und einer bewegten Vergangenheit.

Von den preußischen Königen über die Zeiten des Nationalsozialismus und der 40-jährigen Teilung bis zum Neuen Berlin spiegelt sich die Geschichte auch in der Architektur der Stadt. Die Zeugnisse reichen von Schinkels Klassizismus bis zu den architektonischen Visitenkarten eines I. M. Pei oder Daniel Libeskind.

Weil die einstigen Unterschiede zwischen West und Ost kaum noch wahrnehmbar sind, üben Erinnerungsorte der geteilten

Stadt eine große Anziehungskraft aus. Eine andere bedeutende Gedenkstätte ist das Denkmal für die ermordeten Juden Europas. Das Stelenfeld nach dem Entwurf von Peter Eisenman setzt auch städtebaulich einen nachdenkenswerten Akzent zwischen dem Brandenburger Tor und dem modernen Stadtviertel am Potsdamer Platz.

Von klassischen Sehenswürdigkeiten bis zum Kleinstadtcharme im Kiez, von der Weltkultur in Museen und auf den Bühnen bis zur kreativen Szene in Mode, Medien und Kunst, von den Freiräumen, die sich viele Menschen immer wieder neu schaffen, bis zu verborgenen Naturschönheiten, nicht zu vergessen die kulinarische Vielfalt, gibt es viel zu entdecken.

Am besten man wählt schon vorher aus, wohin die Reise – dieses Mal – gehen soll. Berlintouristen sind häufig »Wiederholungstäter«, das heißt, sie kommen noch mal, um nachzuholen, wofür beim ersten Mal die Zeit fehlte, oder um Neues zu erleben in dieser wandlungsfähigen Weltstadt.

Die Oberbaumbrücke über der Spree – das Wahrzeichen der Bezirke Friedrichshain und Kreuzberg

Top 10: Das müssen Sie gesehen haben

1 Fernsehturm
S. 17, 94, 95 ➡ D9
Berlin von oben und 360° rundum: Höher hinaus geht es nicht, um die Dimensionen der Stadt zu ermessen und Ausschau zu halten nach beliebten Sehenswürdigkeiten.

2 Museumsinsel
S. 20 ff., 68 f., 70, 81, 83 ➡ D8
Kunstliebhaber können sich in den fünf Museen verlieren und in einzigartige Schätze verlieben. Bringen Sie Zeit und Muße mit!

3 Gendarmenmarkt
S. 24, 95, 96 ➡ E8
Die Berliner sind überzeugt: Einen schöneren Platz gibt es in ganz Europa nicht!

4 Brandenburger Tor
S. 24, 88 ff. ➡ E7
Einmal durchs Brandenburger Tor schreiten wie ein Staatsgast und dann die Fotos an die Freunde daheim schicken – damit sie auch kommen!

5 Reichstag und Regierungsviertel
S. 25, 30, 31, 108 ff. ➡ D6/7
Mit Zeitfensterticket oder spontan mit Wartezeit: Der Aufstieg in die Gläserne Kuppel wird mit fantastischen Ausblicken – nach innen und außen – belohnt.

6 Denkmal für die ermordeten Juden Europas/Holocaust-Mahnmal
S. 25, 116, 117 ➡ E7
Das labyrinthische Stelenfeld bietet Anlass zum Nachdenken, der unterirdische Ort der Information liefert die historischen Zusammenhänge dazu.

7 Potsdamer Platz
S. 25, 105 ff. ➡ E/F6/7
Weltberühmt in den Goldenen Zwanziger Jahren, nach dem Krieg eine Brache im Schatten der Mauer und seit der Wiedervereinigung Berlins *der* neue Treffpunkt in der Mitte der Hauptstadt.

8 Gemäldegalerie
S. 27, 74 ➡ E6
Raffael, Tizian, Caravaggio, Dürer, Rubens, Rembrandt: Die Reihe großer Namen lässt sich fortsetzen. Die Berliner Sammlung Alter Meister vom 13. bis 18. Jahrhundert gehört zu den bedeutendsten der Welt.

9 Schloss Charlottenburg
S. 110 ff. ➡ D1
Flanieren auf Spuren der Hohenzollernkönige durch Prunksäle, Wohnräume, Schatzkammern und den Schlossgarten. Vielfältige Veranstaltungen laden zu besonderen Erlebnissen in diesem erlesenen Rahmen ein.

10 Gedenkstätte Berliner Mauer
S. 116 ff., 119 ➡ B/C7/8
Die originalen Grenzanlagen sind verschwunden, aber Mauerstreifen, Informationstafeln und ein Dokumentationszentrum vermitteln ein eindringliches Bild des Lebens im geteilten Berlin.

Mein Berlin
Lieblingsplätze der Autorin

Liebe Leser,

dies sind einige wenige besondere Punkte dieser Stadt, an die ich immer wieder gern zurückkehre. Eine spannende Zeit in Berlin wünscht Ihnen

Ortrun Egelkraut

Park am Gleisdreieck
S. 38, 105 ➡ F/G6/7
Hier kann man spazieren, Rad fahren, skaten, anderen bei Sport und Spiel zusehen, ein Craft Bier trinken und vieles mehr.

Pfaueninsel
S. 43, 191 ff. ➡ dD3
Die Großstadt bleibt draußen: Vogelgezwitscher begleitet den Spaziergang in diesem Naturschutzgebiet mit Märchenschloss und verspielten Parkbauten.

Café am Neuen See
S. 141 f. ➡ E4
Im einladenden, großen Biergarten unter Kastanienbäumen ist immer viel los. Ein paar Schritte weiter kann man ein Boot mieten und »in den Sonnenuntergang« paddeln: Romantik pur!

Astor Film Lounge
S. 168 ➡ F3/4
Kino mit Genussfaktor: Ein Drink zur Begrüßung, auf Wunsch leckeres Fingerfood und superbequeme Ledersessel – die gibt es übrigens auch im Zoo-Palast.

Fassbender & Rausch
S. 178 ➡ E8
Der Duft von Schokolade, kunstvolle Schaustücke und verlockende Präsentationen von Pralinen, Konfekt und Edelschokolade. Wer sich hier nicht verführen lässt …

Berlin
Wittenberge RE6 RB55 Kremmen
Stralsund/Rostock RE5 RB12 Templin Stadt
Sachsenhausen (Nordb)
Oranienburg S1 RB20
Lehnitz
Borgsdorf
Birkenwerder S8
Vehlefanz
Bärenklau
Velten (Mark)
Hohen Neuendorf West
RB20
RE5-RB12
Hennigsdorf S25 RB55
Hohen Neuendorf
Bergfelde
Schön
Heiligensee
Schulzendorf
Frohnau
Hermsdorf
Waidmannslust S26
Wittenau U8
Rathaus Reinickendorf
Karl-Bonhoeffer-Nervenklinik
Wilhelmsruh
U6 Alt-Tegel
Tegel
Borsigwerke
Holzhauser Str.
Eichborndamm
Alt-Reinickendorf
Schönholz
Otisstr.
Lindauer Allee
Scharnweberstr.
Paracelsus-Bad
Kurt-Schumacher-Platz
128
Residenzstr.
Franz-Neumann-Platz
Am Schäfersee
Osloer Str. U9
Tegel TXL
Afrikanische Str.
Rehberge
TXL 128
Seestr.
Nauener Platz
Pankstr.
Nauen RB10 RB14
RE2 Wismar
Brieselang
X9 109
TXL
Amrumer Str.
Leopoldplatz
Zitadelle
Haselhorst
Paulsternstr.
Rohrdamm
Siemensdamm
Halemweg
Beusselstr.
Westhafen
Wedding
RE6 RE66 RB27
Gesundbrunnen
Finkenkrug
Falkensee
RE2-RE6-RB10-RB14
RE6-RB20
Seegefeld
Jakob-Kaiser-Platz
Altstadt Spandau
Jungfernheide RB13
RE4-RE6-RB10
Reinickendorfer Str.
RE3-RE5-RE6
Humboldthain
RB20
S42 S41
Albrechtshof
Rathenow RE4
Wustermark RB13 RB21
Dallgow-Döberitz
Elstal
Rathaus Spandau U7
Birkenstr.
Schwartzkopffstr.
Nordbahnhof
RE3-RE4-RE5-RB10
Oranienburger Str.
RE4-RB13
Staaken
Spandau S3 S9
RE2-RE4-RE6-RB10-RB13-RB14
RE4-RE6-RB10-RB13
Naturkundemuseum
X9 109
Mierendorffplatz
Stresow
Ruhleben U2
RE2-RB14
Turmstr.
Hauptbahnhof U55
Oranienburger Tor
Pichelsberg
Olympia-Stadion
Westend S46
Richard-Wagner-Platz
X9
Bundestag
Neu-Westend
109
Bellevue
Olympiastadion
Sophie-Charlotte-Platz
Kaiserdamm
Bismarckstr.
Tiergarten
Brandenburger Tor
Theodor-Heuss-Platz
Messe Nord/ICC
Deutsche Oper
Ernst-Reuter-Platz
Hansaplatz
Potsdamer Platz
Heerstr.
Messe ZOB
Wilmersdorfer Str.
Savignyplatz
Mohrenstr.
Messe Süd
Mendelssohn-Bartholdy-Park
Priort
Zoologischer Garten
Anhalter Bahnhof
Westkreuz S5
Charlottenburg
U1 Uhlandstr.
Wittenbergplatz
Kurfürstenstr.
Halensee
Adenauerplatz
Kurfürstendamm
Gleisdreieck
Nollendorfplatz U4
Bülowstr.
Grunewald
Augsburger Str.
RE1-RE7-RB21-RB22
Spichernstr.
Viktoria-Luise-Platz
Konstanzer Str.
Hohenzollernplatz
Güntzelstr.
Yorckstr.
Großgörschenstr.
Yorckstr.
RB20-RB21
Fehrbelliner Platz
Berliner Str.
Kleistpark
Hohenzollerndamm
Blissestr.
Bayerischer Platz
Eisenacher Str.
RE3-RE4-RE5 RB10
Rathaus Schöneberg
Julius-Leber-Brücke
S41 S42
Heidelberger Platz
Bundesplatz
Innsbrucker Platz U4
Schöneberg
Südkreuz S45
Rüdesheimer Platz
Marquardt
Breitenbachplatz
Friedrich-Wilhelm-Platz
Podbielskiallee
Friedenau
Dahlem-Dorf
Walther-Schreiber-Platz
Freie Universität
Thielplatz
Feuerbachstr.
Priesterweg
Schloßstr.
Attila
Oskar-Helene-Heim
Onkel Toms Hütte
U9 Rathaus Steglitz
Südende
Schlachtensee
Krumme Lanke U3
Botanischer Garten
Lankwitz
Mexikoplatz
Lichterfelde West
Golm
Nikolassee
Lichterfelde Ost
RB20-RB21-RB22
S1 RB33 Wannsee
Zehlendorf
Sundgauer Str.
Brandenburg RE1
Magdeburg RE1
Park Sanssouci
Charlottenhof
Babelsberg
Griebnitzsee
Osdorfer Str.
RE3-RE4-RE5
RE1-RE7-RB21 RB22-RB33
Werder (Havel)
Potsdam Hbf S7 RB20 RB21 RB22 RB23
Medienstadt Babelsberg
Lichterfelde Süd
Pirschheide
Rehbrücke
RB22
Caputh-Geltow
Wilhelmshorst
S25 S26 Teltow Stadt
Teltow
Großbeeren
RB22
RE5-RB22
Caputh Schwielowsee
RB23
Saarmund
Ludwigsfelde Struveshof
S2 Blankenfel
Michendorf RB23
Birkengrund
Ferch-Lienewitz
Ludwigsfelde
Seddin
Thyrow
Dessau RE7
RB33 Jüterbog
Jüterbog RE4 RE3 Lutherstadt Wittenberg/Falkenberg (Elster)
Elsterwerda

Legende
Key to symbols
S7 U6 S-Bahn-/U-Bahn
urban rail/underground
RE1 RB22 Bahn-Regionalverkehr
regional rail
Einige Linien halten nicht überall
Some trains do not stop at all stations
Flughafen
airport
Fernbahnhof
mainline station
ZOB Zentraler Omnibusbahnhof
bus terminal
A B C VBB-Tarifteilbereiche Berlin
VBB fare zones Berlin
Barrierefrei durch Berlin
Step-free access
Aufzug
lift
Rampe
ramp
nur zur S-Bahn
only to urban rail
nur zur U-Bahn
only to underground
nur zum Bahn-Regionalverkehr
only to regional rail
Stand: 04. August 2019
© Berliner Verkehrsbetriebe (BVG)
BVG-028.19
Groß Schönebeck (Schorfheide) RB27
Stralsund/Schwedt (Oder) RE3 RE66 Szczecin (Stettin) RB24 Eberswalde
Schmachtenhagen
RB27 Wensickendorf
Zühlsdorf
Wandlitzsee
Wandlitz
Basdorf
Schönwalde (Barnim)
Schönerlinde
RB27
Rüdnitz
Bernau S2
Bernau-Friedenstal
Zepernick
Röntgental
Buch
Karow RB27
Mühlenbeck-Mönchmühle
Blankenburg
Pankow-Heinersdorf
RE3-RE5-RE66-RB27
RB12-RB24
S85 U2 Pankow
Vinetastr.
Wartenberg S75
Hohenschönhausen
Gehrenseestr.
Bornholmer Str.
Schönhauser Allee
Prenzlauer Allee
Greifswalder Str.
S42 S41
Voltastr.
Bernauer Str.
Eberswalder Str.
Senefelderplatz
Rosa-Luxemburg-Platz
Rosenthaler Platz
Weinmeisterstr.
Hackescher Markt
U5 Alexanderplatz
RE1-RE2-RE7-RB14
Schillingstr.
Strausberger Platz
Weberwiese
Frankfurter Tor
Samariterstr.
Landsberger Allee
Storkower Str.
Klosterstr.
Märkisches Museum
Jannowitzbrücke
Ostbahnhof S75
Warschauer Str. U1 U3
RB12 RB25 RB26 Ostkreuz
Frankfurter Allee
Magdalenenstr.
Friedrichsfelde
Lichtenberg
Nöldnerplatz
Tierpark
Friedrichsfelde Ost
Hausvogteiplatz
Spittelmarkt
Heinrich-Heine-Str.
Moritzplatz
Kochstr. Checkpoint Charlie
Prinzenstr.
Schlesisches Tor
Hallesches Tor
Kottbusser Tor
Görlitzer Bahnhof
Schönleinstr.
Mehringdamm
Hermannplatz
Treptower Park
RB24
Gneisenaustr.
Südstern
Rathaus Neukölln
Platz der Luftbrücke
Boddinstr.
Karl-Marx-Str.
Paradestr.
Leinestr.
S41 S42
Sonnenallee
Tempelhof
Neukölln
Köllnische Heide
Alt-Tempelhof
Hermannstr. S47 U8
Grenzallee
Kaiserin-Augusta-Str.
Blaschkoallee
Ullsteinstr.
Parchimer Allee
Westphalweg
Britz-Süd
Alt-Mariendorf U6
Johannisthaler Chaussee
Lipschitzallee
Wutzkyallee
Zwickauer Damm
Rudow U7
X7 171 N7
Plänterwald
RB24
Baumschulenweg
Schöneweide
Oberspree
Spindlersfeld S47
Betriebsbahnhof Schöneweide
Adlershof
Altglienicke
Grünbergallee
RE7-RB14-RB22
Flughafen Berlin-Schönefeld S45 S9 RB14
Schönefeld SXF
Waßmannsdorf
Flughafen Berlin Brandenburg Airport
RE7-RB22
Ahrensfelde S7
Mehrower Allee
RB25
Raoul-Wallenberg-Str.
Marzahn
Poelchaustr.
Springpfuhl
RB12-RB24-RB25
RB26
Werneuchen RB25
Seefeld (Mark)
Blumberg
Blumberg-Rehhahn
Ahrensfelde Nord
Ahrensfelde Friedhof
S5 Strausberg Nord
Strausberg Stadt
Hegermühle
Hönow U5
Louis-Lewin-Str.
Hellersdorf
Strausberg
Kostrzyn (Küstrin) RB26
Cottbusser Platz
Petershagen Nord
Kienberg Gärten der Welt
Fredersdorf
Kaulsdorf-Nord
Neuenhagen
Biesdorf
Wuhletal
Kaulsdorf
Mahlsdorf
Birkenstein
Hoppegarten
Elsterwerdaer Platz
Biesdorf-Süd
Rummelsburg
Betriebsbahnhof Rummelsburg
RE1-RE2-RE7-RB14
Karlshorst
Wuhlheide
Köpenick
RE2-RE7-RB14
Hirschgarten
RE1
Friedrichshagen
Rahnsdorf
Wilhelmshagen
Erkner S3
Frankfurt (Oder) RE1
Eisenhüttenstadt RE1
Fangschleuse
A
B
C
Grünau S85
Eichwalde
Zeuthen S8
Wildau
Niederlehme
Zernsdorf
Kablow
RB36
Frankfurt (Oder) RB36
RE2-RB22-RB24
Königs Wusterhausen S46 RB22 RB36
Zeesen
Cottbus RE2
RB24 Senftenberg
Bornholmer Str.
Ollankstr.
Wünsdorf-Waldstadt
BVG
DB
S Bahn Berlin
Ein Verbund. Ein Tarif. VBB

Von Berlins historischer Mitte zum Potsdamer Platz

Vormittag

Alexanderplatz – Fernsehturm – Rotes Rathaus – Nikolaiviertel – Marx-Engels-Forum – Humboldt-Forum – Berliner Dom – (evtl. Museumsinsel) – Zeughaus – Unter den Linden – Neue Wache – Bebelplatz – Gendarmenmarkt (zahlreiche Restaurants) – Friedrichstraße – Unter den Linden – Pariser Platz – Brandenburger Tor – Reichstag – Potsdamer Platz (ca. 2–3 Std.).

Achtung Baustelle: Zwischen Brandenburger Tor und Alexanderplatz wird die U-Bahn-Linie verlängert. Die Bauarbeiten im Untergrund führen noch zu Behinderungen und Einschränkungen auf der Flaniermeile Unter den Linden, für Autofahrer wie Fußgänger. Doch die erste U-Bahn auf dieser Strecke soll Ende 2020 fahren.

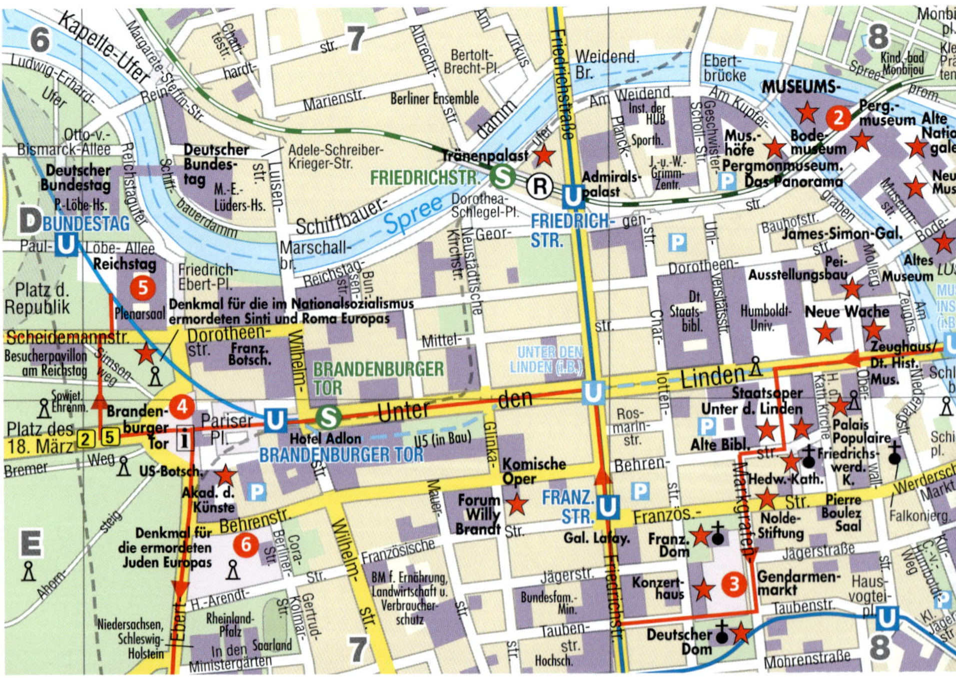

Nachmittag
Architektur- und Einkaufsbummel am Potsdamer Platz, evtl. Museumsbesuch (Deutsche Kinemathek/ Filmmuseum, Kulturforum).

Alternative zum Nachmittag
Vom Reichstag Sightseeing-Tour mit Bus 100 durch den Tiergarten, vorbei am Haus der Kulturen der Welt, Schloss Bellevue, Großen Stern bis zum Kudamm (Route im Stadtplan gestrichelt markiert).

Tipps für die Stadttour »andersherum«
Wer den Vormittagsspaziergang in umgekehrter Richtung am Brandenburger Tor beginnt, für den bietet sich zum Mittagessen z. B. das Nikolaiviertel mit seinen zahlreichen Restaurants an. Auch am Hackeschen Markt – eine S-Bahn-Station vom Alexanderplatz entfernt – gibt es eine große Auswahl. Köstliche Delikatessen kann man in der Galeria Kaufhof probieren. Rückfahrt zum

Skulptur am Eingang zum Zeughaus

Zoo mit der S-Bahn ab Alexanderplatz über Hackescher Markt, Friedrichstraße und Hauptbahnhof: Es eröffnen sich ganz andere Perspektiven auf die Stadt.

»Wind gibt es massenhaft am **Alex.** An der Ecke zieht es lausig.« Wie in den 1920er Jahren, als Alfred Döblins Romanheld Franz Biberkopf »Berlin Alexanderplatz« zu Weltruhm verhalf, pfeift der Wind über das weitläufige Areal ➡ D9. Die **Weltzeituhr** und der bunt emaillierte **Brunnen der Völkerfreundschaft** konservieren ein letztes Stück DDR zwischen modernen Einkaufszentren, Cafés und Würstchenbuden, dem Hochhaushotel Park Inn und dem **Bahnhof Alexanderplatz** ➡ D9 mit

Alexanderplatz mit Weltzeituhr und Fernsehturm

der mächtigen, restaurierten Bahnsteighalle von 1926. Rundum wird seit Jahren gebaut und das Gesicht des Platzes wird sich weiter verändern.

Überragt wird der Alexanderplatz vom 1 **Fernsehturm** ➡ D9, mit 365 Metern das höchste Bauwerk Berlins. In 200 Metern Höhe lockt ein Dreh-Restaurant mit fantastischer Aussicht. Zwischen der verloren wirkenden **St. Marienkirche** ➡ D9, einem der ältesten Gotteshäuser Berlins (13. Jh., mehrmals verändert), und dem markanten **Roten Rathaus**, dem Sitz des Regierenden Bürgermeisters, gibt der **Neptunbrunnen** dem weiten Platz einen Ruhepunkt. Die Rathaus-Passagen schließen ihn zur verkehrsreichen Grunerstraße hin ab.

Südwestlich der Spandauer Straße beginnt das **Nikolaiviertel** ➡ D/E9, das gemeinsam mit der auf der anderen Seite der Spree gelegenen Schwesterstadt Cölln im 13. Jahrhundert »die Wiege Berlins« bildete. Im Zweiten Weltkrieg fast völlig zerstört wurde das Nikolaiviertel zur 750-Jahr-Feier der Stadt 1987 als Vorzeigeobjekt der DDR wieder aufgebaut. Die seltsame Mischung aus Plattenbau und historisierenden Giebeln, aus Rekonstruktion und originalen Versatzstücken hat sich zu einem vor allem bei Touristen beliebten Viertel entwickelt. Ein bisschen Alt-Berlin – oder was man dafür hält – mit Souvenirgeschäften, Brunnen und Denkmälern, Kneipen, Restaurants und Cafés.

In einem der Plattenbauten (Propststr. 11) zeigt das **Zille-Museum** ➡ E9 Werke des Berliner »Milljöh«-Malers. Das kleine Theater im Nikolaiviertel (Nikolaikirchplatz 5/7) bringt »Zille sein Milljöh« musikalisch-szenisch auf die Bühne. Heinrich Zilles Lieblingskneipe »Zum Nußbaum« wurde neben der **Nikolaikirche** ➡ D/E9 (Museum zur Geschichte des Bauwerks) rekonstruiert. Das stattliche **Knoblauchhaus** ➡ E9, 1759 erbaut, ist das einzige original erhaltene Bürgerhaus; eine ständige Ausstellung des Stadtmuseums gibt Einblick in die bürgerliche Wohnkultur der Biedermeierzeit. Das prachtvolle **Ephraim-Palais** ➡ E9 mit seinen verschnörkelten goldenen Balkongittern an der Ecke Mühlendamm zeigt aktuelle Ausstellungen des Stadtmuseums zur Berliner Kulturgeschichte.

Entlang der Spree fällt der Blick auf den grauen Bau des Marstalls, in dem einst 300 Pferde und Kutschen Platz fanden (heute Stadtbibliothek und Sitz der Hoch-

Das Rote Rathaus und der Neptunbrunnen in Berlin-Mitte

Schöne Kulisse in Berlins Mitte

Rotes Rathaus und Nikolaiviertel

Berlin

Auch wenn Berlin schon seit geraumer Zeit eine rote Regierung hat, verdankt der Sitz des Regierenden Bürgermeisters – das Rote Rathaus – seinen Namen nur den roten Backsteinen und nicht der politischen Couleur der Regierenden. Nach einem Entwurf von Hermann Friedrich Waesemann wurde der Bau in der zweiten Hälfte des 19. Jahrhunderts in Anlehnung an die norditalienische Hochrenaissance errichtet.

Für den stattlichen Turm diente die Kathedrale im französischen Laon als Vorbild. In Höhe der ersten Etage befindet sich ein Terrakottafries, der die Geschichte der Stadt erzählt. Blickfang vor dem Rathaus ist der Neptunbrunnen, der einst vor dem Stadtschloss gestanden hat.

Südwestlich des Roten Rathauses liegt mit dem Nikolaiviertel eine der Keimzellen der einstigen Doppelstadt Berlin-Cölln. Unzählige bekannte Künstler und Intellektuelle wie Goethe, Hauptmann, Schinkel, Strindberg, Ibsen und natürlich das Berliner Original Heinrich Zille zählten zu den regelmäßigen Besuchern oder haben sogar hier gewohnt.

Neptunbrunnen vor dem Roten Rathaus.

1944 wurde das Nikolaiviertel weitgehend zerstört und blieb bis zur 750-Jahr-Feier Berlins im Jahr 1987 eine traurige Ruinenlandschaft. Die Standorte der Häuser und die Straßenführung wurden zwar weitgehend historisch korrekt rekonstruiert, doch viele Häuser wurden leider in Plattenbauweise errichtet und mehr schlecht als recht mit historischen Stilelementen verkleidet.

Dies tut der Beliebtheit des Viertels aber keinen Abbruch, denn heute schlendern wieder unzählige Berlin-Besucher durch die engen, kopfsteingepflasterten Gassen an der Spree, schauen sich die Zeichnungen von Heinrich Zille in dem nach ihm benannten Museum an, gehen in die Nikolaikirche, in der heute ein Teil des Stadtmuseums untergebracht ist, oder lassen sich ein typisches Berliner Eisbein mit Sauerkraut in einem der zahlreichen Restaurants schmecken.

Info: In Berlin-Mitte gelegen. **Info Rotes Rathaus:** Rathausstr. 15, 10178 Berlin, Tel. (030) 90 26 20 32, www.berlin.de, Öffnungszeiten Mo–Fr 9–18 Uhr, Eintritt frei. **Info Nikolaikirche:** Nikolaikirchplatz, 10178 Berlin, Tel. (030) 24 00 21 62, www.stadtmuseum.de, Öffnungszeiten tägl. 10–18 Uhr, Eintritt € 5, ermäßigt € 3, unter 18 J. frei. **Info Zille-Museum:** Propststr. 11, 10178 Berlin, Tel. (030) 24 63 25 00, www.zillemuseum-berlin.de, Öffnungszeiten tägl. 11–18 Uhr, Eintritt € 7, ermäßigt € 5, unter 6 J. frei.

Bronzedenkmal zu Ehren von Karl Marx und Friedrich Engels im Marx-Engels-Forum

schule für Musik »Hanns Eisler« Berlin). Weiter auf dem Uferweg Richtung Nordwesten grüßt rechter Hand unter Bäumen im **Marx-Engels-Forum** ➡ D8/9 genannten Park das überlebensgroße Bronzedenkmal des sitzenden Karl Marx und des stehenden Friedrich Engels. Jetzt blicken die beiden kommunistischen Vordenker auf das Humboldt Forum.

Auf dem Schlossplatz jenseits der Spree stand das Berliner Stadtschloss, Residenz der brandenburgischen Kurfürsten und ab 1701 der preußischen Monarchen. Nach Abdankung Kaiser Wilhelms II. rief Karl Liebknecht 1918 die »Freie Sozialistische Republik« aus – vor dem Balkon eines Portals des monumentalen Schlosses, das zu den Meisterwerken des Baumeisters Andreas Schlüter (1659/60–1714) zählt. 1950 ließ die DDR das Stadtschloss sprengen und errichtete an dieser Stelle von 1973 bis 1976 den Palast der Republik als Sitz der Volkskammer und öffentliches Kulturhaus. Nach langen Debatten, Schließungen und Zwischennutzungen (1990–2006) wurde der Palast bis 2008 abgetragen.

Der Neubau für das **Humboldt Forum** ➡ D8 präsentiert sich als neues kulturelles Zentrum in der Mitte Berlins: Im Jahr 2020 eröffnen nach und nach die verschiedenen Bereiche. Schlüterhof und Passage werden bei freiem Eintritt rund um die Uhr zugänglich sein. So können Besucher unter anderem die Geschichte des Ortes erkunden, von Relikten im Schlosskeller bis zum Videopanorama. Schrittweise eröffnen im Forum dann die Dauerausstellungen des Ethnologischen Museums

Blick vom Berliner Dom auf den Lustgarten

und des Museums für Asiatische Kunst der Staatlichen Museen zu Berlin, die Berlin Ausstellung des Stadtmuseums und der Kulturprojekte Berlin GmbH sowie das Humboldt Labor der Humboldt-Universität.

Südwestlich ragen die Türme der von Karl Friedrich Schinkel erbauten **Friedrichswerderschen Kirche** ➡E8 (1824–30) empor. Gleich daneben soll Schinkels Bauakademie wiederaufgebaut werden. Der ansprechende, von Neubauten gerahmte Schinkelplatz nördlich davon ist originalgetreu rekonstruiert.

Schinkel prägte einst auch den Lustgarten ➡ D8; heute ist das Tor zur Museumsinsel als Liegewiese ausgewiesen und im Sommer entsprechend fröhlich bevölkert. Schinkels ersten **Berliner Dom** ➡ D8 ließ Kaiser Wilhelm II. abreißen und durch den Monumentalbau mit wuchtiger Kuppel ersetzen (1894–1905). Am Ende des Lustgartens erhebt sich die klassizistische Fassade des Alten Museums. Dem ersten Museumsbau Berlins (1830, nach Schinkels Plänen) folgten weitere auf der ❷ **Museumsinsel** ➡ D8: Alte Nationalgalerie, Neues Museum, Bode- und Pergamonmuseum. Der Saal mit dem Pergamon-Altar ist wegen Renovierung derzeit geschlossen; eine spannende »Ersatz«-Ausstellung mit originalen Skulpturen, modernen Medien und dem faszinierenden **Pergamon-Panorama** von Yadegar Asisi ist in einem Neubau am Bodemuseum zu sehen.

Für Museumsbesuche generell sollte man einen oder mehrere Extra-Tage einplanen. Das **Neue Museum**, jahr-

Fünf Museen von Weltruf

Museumsinsel

Berlin

Die Berliner Museumsinsel ist ein architektonisches Gesamtkunstwerk und beherbergt in ihren fünf Museen ein einzigartiges Kulturerbe. Die Insel wird seit Jahren mit Millionenaufwand saniert. Den Südteil, beim Lustgarten und dem Berliner Dom, nimmt das Alte Museum ein. Dahinter liegen die Alte Nationalgalerie und das Neue Museum. Auf der Seite zum Kupfergraben befindet sich das Pergamonmuseum und am nordwestlichen Ende der Insel das Bode-Museum. Im Juli 2019 eröffnet zwischen Neuem Museum und Kupfergraben die James-Simon-Galerie als Besucherzentrum.

Das Alte Museum entstand um 1830 nach Plänen von Karl Friedrich Schinkel im Stil eines griechischen Tempels. Die offene Säulenhalle und die Rotunde geben den prächtigen Rahmen für die Antikensammlung.

Die Alte Nationalgalerie wurde ab 1866 von Friedrich August Stüler als Tempelbau der Wissenschaften konzipiert. Heute zeigt das Museum Skulpturen und Malerei des 19. Jahrhunderts, darunter große Namen wie Monet, Rodin, Degas, Liebermann und viele andere.

Der Bau des Pergamonmuseums wurde erst 1930 fertiggestellt. Seine Hauptattraktionen sind der Pergamonaltar (Saal wegen Renovierung geschl., jenseits des Kupfergrabens sind Exponate und ein Panorama im »Pergamonmuseum. Das Panorama« zu sehen), die Prozessionsstraße und das Ischtartor von Babylon sowie das Markttor von Milet. Neben der Antikensammlung sind hier das Vorderasiatische Museum und das Museum für Islamische Kunst untergebracht.

Das Bode-Museum entstand um die Wende vom 19. zum 20. Jahrhundert als Repräsentationsbau, der wie ein Schiffsbug in die Spree ragt. Im Innern finden sich Skulpturensammlung, Museum für Byzantinische Kunst, Münzkabinett und Teile der Gemäldegalerie.

Das von Friedrich August Stüler entworfene Neue Museum, das im Zweiten Weltkrieg schwer beschädigt worden war, konnte – nach Plänen von David Chipperfield wunderbar restauriert – im Herbst 2009 wieder eröffnet werden. Das Ägyptische Museum und die Papyrussammlung, das Museum für Vor- und Frühgeschichte und Objekte der Antikensammlung haben hier ihre Heimat gefunden. Prominenteste Bewohnerin ist sicherlich Nofretete, deren berühmte Büste im nördlichen Kuppelsaal zu bewundern ist.

Info: Die Museumsinsel (Altes Museum, Alte Nationalgalerie, Pergamonmuseum, Bode-Museum, Neues Museum) liegt in Berlin-Mitte. **Info Museumsinsel:** Bodestr. 1–3, 10178 Berlin, Tel. (030) 20 90 55 77, www.smb.museum/home.html, Öffnungszeiten tägl. außer Mo 10–18, Do bis 20 Uhr, Pergamonmuseum und Neues Museum auch Mo 10–18 Uhr, Kombikarte € 18, ermäßigt € 9, bis 18 J. frei.

Bode-Museum an der Spitze der Berliner Museumsinsel.

zehntelang Kriegsruine, erlebte durch den britischen Architekten David Chipperfield eine sensationelle Wiederauferstehung. Die Spuren der Geschichte blieben erhalten und wurden eindrucksvoll mit neuen Elementen verknüpft. Die prächtigen Räume auf drei Stockwerken teilen sich die Sammlungen des Ägyptischen Museums – Nofretete prunkt im nördlichen Kuppelsaal – und des Museums für Vor- und Frühgeschichte, ergänzt durch Objekte der Antikensammlung. David Chipperfield entwarf auch die **James-Simon-Galerie** ➡ D8, das neue Besucherzentrum auf der Museumsinsel, die seit 1999 UNESCO-Welterbe ist.

Von Stararchitekt I. M. Pei stammt der Museumsneubau mit gläserner Fassade und markantem Spiralturm an der Straße Hinter dem Gießhaus. Diese neue Ausstellungshalle des **Deutschen Historischen Museums** ➡ D8 ist unterirdisch mit dem **Zeughaus**, dem angestammten Platz des DHM verbunden. Das 1695 begonnene Waffenarsenal ist das älteste Bauwerk des Boulevards. Die Dauerausstellung lädt zu einem material- und faktenreichen Rundgang durch 2000 Jahre deutsche Geschichte in ihrem europäischen Zusammenhang ein.

Vor dem Haupteingang des Zeughauses, genauer an der Schlossbrücke, beginnt die Straße **Unter den Lin-**

In der Gestalt eines griechischen Tempels: die Alte Nationalgalerie auf der Museumsinsel in Berlin-Mitte

Die Neue Wache zählt zu den Hauptwerken des deutschen Klassizismus

den ➡ D8. Im Jahr 1647 ließ Kurfürst Friedrich Wilhelm die ersten Lindenbäume entlang dem Reitweg vom Schloss ins Jagdrevier Tiergarten pflanzen. Friedrich II., der Große, sorgte rund 100 Jahre später für den Ausbau zum Prachtboulevard von 60 Metern Breite.

Hinter der rekonstruierten Fassade der ehemaligen Stadtkommandatur residiert mit der noblen Adresse Unter den Linden 1 heute der Medienkonzern Bertelsmann. Kronprinzenpalais und Prinzessinnenpalais schließen sich an. Schinkels **Neue Wache** ➡ D8 auf der Nordseite wurde mit einer Pietà von Käthe Kollwitz zur »Zentralen Gedenkstätte der Bundesrepublik Deutschland«.

Mit dem **Forum Fridericianum** rund um den heutigen **Bebelplatz** ➡ D/E8 wollte Friedrich der Große königliche Macht, Kunst und Wissenschaft an einem Ort vereinen. Zu diesem Ensemble gehören die **Staatsoper Unter den Linden**, die **St.-Hedwigs-Kathedrale** und die **Alte Bibliothek** sowie die **Humboldt-Universität**. Auf dem Mittelstreifen reitet Friedrich der Große; das monumentale Reiterstandbild stammt von Christian Daniel Rauch. Unter einer Glasscheibe mitten auf dem Bebelplatz erblickt man leere Bücherregale. Das Denkmal des israelischen Künstlers Micha Ullman erinnert an die dortige Bücherverbrennung am 10. Mai 1933.

Ein kleiner Schlenker, vorbei am Luxus-»Hotel de Rome« in einem ehemaligen Bankgebäude, führt

Der Gendarmenmarkt wurde nach seiner Zerstörung im Zweiten Weltkrieg zwischen 1976 und 1993 wieder aufgebaut

zum 3 **Gendarmenmarkt** ➡ E8, dem schönsten Platz Berlins. In der Mitte erhebt sich das von Schinkel entworfene Schauspielhaus, nach seiner neuen Funktion in Konzerthaus umbenannt, mit einer eindrucksvollen Freitreppe. Tagsüber steht die obere Tür offen. Durch eine Glasscheibe kann man den Konzertsaal bewundern und eventuell Musiker bei der Probe beobachten. Der **Französische Dom** am Nordende des Platzes beherbergt das **Hugenottenmuseum** und ermöglicht den Aufstieg in die Kuppel zu einer grandiosen Rundumsicht. Im **Deutschen Dom** am Südende des Gendarmenmarktes widmet sich eine Ausstellung der parlamentarischen Demokratie in Deutschland.

Die **Friedrichstraße** ➡ C7–F8 steht für das alte und neue Flair der Mitte Berlins mit Luxusgeschäften, Cafés und Restaurants, Hotels, Büros und Wohnungen. Unterirdische Einkaufspassagen verbinden die »Quartiere« 205 und 206 mit dem französischen Warenhaus Galeries Lafayette.

Zurück auf dem Boulevard Unter den Linden, vorbei an der einstigen Sowjetischen und heutigen Russischen Botschaft, gelangt man zum 4 **Brandenburger Tor** ➡ E7 am Pariser Platz. Das berühmte Hotel Adlon ist in den historischen Dimensionen mit allem modernen Komfort wieder erstanden. Haus Liebermann, die Französische und die Amerikanische Botschaft sowie die Akademie der Künste mit ihrer Glasfassade umrahmen den fußgängerfreundlichen Platz. Eine Passage führt durch das Akademie-Gebäude zur Behrenstraße und zum Holocaust-Mahnmal.

Auf dem Brandenburger Tor prangt die **Quadriga** in restaurierter Schönheit. Kaum ein Staatsgast, der nicht das 1788–91 errichtete Tor (Gottfried Schadow) durchschreitet, und kaum ein Großereignis, das nicht vor dieser klassizistischen Kulisse stattfindet. Am Platz des 18. März, auf der Westseite, fällt im Boden eine doppelte Pflastersteinlinie auf, die in der Innenstadt den einstigen Mauerverlauf nachzeichnet.

Weiter geradeaus erreicht man auf der Straße des 17. Juni das Sowjetische Ehrenmal; der Marmor stammt aus Hitlers Reichskanzlei. Rechts geht es durch den Park zum 5 **Reichstag** ➡ D7, in dem die Plenarsitzungen des Deutschen Bundestags stattfinden. Der Aufstieg in die gläserne Kuppel und auf die Dachterrasse ist nur nach vorheriger Anmeldung möglich.

Vom Brandenburger Tor aus nach Süden geht es vorbei am 6 **Denkmal für die ermordeten Juden Europas** ➡ E7 und diversen Landesvertretungen in den »Ministergärten« zum Potsdamer Platz.

Der 7 **Potsdamer Platz** ➡ E/F6/7, Berlins »neue Mitte«, die sich vor allem bei Berlin-Besuchern großer Beliebtheit erfreut, besteht aus mehreren architektonischen Einheiten rund um den Bahnhof Potsdamer Platz. Vom Norden kommend erreicht man zuerst das **Beisheim Center** ➡ E7 mit den Fünf-Sterne-Hotels Marriott und Ritz-Carlton.

Während sich östlich davon das historische Oktogon des **Leipziger Platzes** ➡ E7 seit der Eröffnung des Einkaufszentrums Mall of Berlin der Vollendung nähert, hat sich das **Sony Center** ➡ E6 von Helmut Jahn längst zum populären Treffpunkt entwickelt. Unter der spektakulären Zeltdachkonstruktion findet man zahlreiche Cafés, Restaurants, das Kino **Cinestar IMAX** und den geschickt in das moderne Umfeld integrierten »Kaisersaal« des ehemaligen Grand Hotel Esplanade. Das Sony Center beherbergt u. a. auch das Filmmuseum der **Deutschen Kinemathek** mit Schätzen aus dem Nachlass von Marlene Dietrich und einer Dauerausstellung zur deutschen Film- und Fernsehgeschichte.

Auf der anderen Seite der Potsdamer Straße bietet das **Klinker-Hochhaus** von Hans Kollhoff mit dem

Das Denkmal für die ermordeten Juden Europas; im Hintergrund das Brandenburger Tor und die Kuppel des Reichstags

Mall of Berlin am Leipziger Platz

Die Dachkonstruktion des Sony Center am Potsdamer Platz

schnellsten Aufzug Europas aus rund 90 Metern Höhe atemraubende Aussichten, nicht nur auf den Potsdamer Platz zu Füßen. Ein Panoramacafé hoch oben lädt dazu ein, den Ausblick entspannt zu genießen. Eine Ausstellung erinnert an die Geschichte des Platzes.

Als **Daimler-Areal** ➡ E6/7 eröffnete 1998 der älteste Bereich des neuen Stadtviertels. Weithin sichtbar ist der 109 Meter hohe Atrium Tower mit dem grünen Würfel auf der Spitze. Anziehungspunkte rund um den von den Bauten des Architekten Renzo Piano geprägten **Marlene-Dietrich-Platz** sind das **Bluemax Theater**, Heimat der Blue Man Group, jede Menge Kinos, Cafés und Bars, die Spielbank und das Einkaufszentrum Potsdamer Platz Arkaden.

Richtung Westen schließt sich das **Kulturforum Potsdamer Platz** ➡ E/F6 an. Dazu gehören **Staatsbibliothek, Philharmonie, Kammermusiksaal** und **Musikinstrumenten-Museum** sowie diverse Sammlungen der Staatlichen Museen zu Berlin: 8 **Gemäldegalerie**, das sanierte und modernisierte **Kunstgewerbemuseum, Kupferstichkabinett** und **Kunstbibliothek**. Allesamt lohnen den Besuch. Die **Neue Nationalgalerie**, der lichte Tempel von Mies van der Rohe, ist wegen Sanierung bis 2020 geschlossen. Unmittelbar daneben und und vor der **St.-Matthäus-Kirche**, von Friedrich August Stüler 1844–46 erbaut, entsteht in den nächsten Jahren das Museum des 20. Jahrhunderts.

Vom Potsdamer Platz fährt der Bus 200 zum Bahnhof Zoo, alternativ bietet die U2 (bis Wittenbergplatz oder Zoologischer Garten) eine schnelle Verbindung in die City West.

Marlene-Dietrich-Platz mit Blick auf das Bluemax Theater

Bustour durch den Tiergarten zur City West

Die Bustour ist in der Faltkarte als **rote**, gepunktete Linie dargestellt.

Vom Reichstag aus gelangt man bequem mit dem Bus 100 in die City West. Der Bus fährt zunächst vorbei am **Haus der Kulturen der Welt** ➡ D6, das den internationalen zeitgenössischen Künsten ein viel beachtetes Forum bietet, dann am **Schloss Bellevue** ➡ D5, dem Amtssitz des Bundespräsidenten, sowie am **Bundespräsidialamt** ➡ E5. Am Großen Stern mit der **Siegessäule** und der Siegesgöttin Victoria kreuzt die **Straße des 17. Juni** ➡ E3–6, die den Tiergarten ➡ D/E4–6 in der ganzen Länge von Ost nach West durchschneidet. Berlins zweitgrößter innerstädtischer Park (nach dem Tempelhofer Feld) bietet neben Bäumen, Wiesen, Blumenbeeten und kleinen Seen auch viele Denkmäler.

Der »Hunderter« durchquert den Park Richtung Süden. Dort haben sich zahlreiche Botschaften angesiedelt. Viele Vertretungen sind zugleich architektonische Visitenkarten der jeweiligen Länder wie die Indische Botschaft (Tiergartenstraße), die der Vereinigten Arabischen Emirate (Hiroshimastraße) sowie der Nordischen Länder und Mexikos (Klingelhöferstraße). An der Budapester Straße, gleich nach dem **Elefantentor** ➡ F4, dem Eingang zum Zoologischen Garten Berlin, ist die City West erreicht. Dort befinden sich u.a. das **Europa-Center** ➡ F4 und die **Kaiser-Wilhelm-Gedächtniskirche** sowie das schicke Einkaufszentrum **Bikini Berlin** mit Ausblick auf den Zoo. ■

Gegründet im März 1989 und direkt an der Spree gelegen: Haus der Kulturen der Welt

Die Straße des 17. Juni ist Teil der großen Ost-West-Achse in Berlin

Zu Fuß durch das Regierungsviertel

Bundeskanzleramt, Paul-Löbe-Haus mit Abgeordnetenbüros und Sitzungssälen, Kindertagesstätte des Bundestags, Marie-Elisabeth-Lüders-Haus mit der Parlamentsbibliothek und Bundespressekonferenz: Die Bauten der Bundesregierung ziehen sich als **»Band des Bundes«** ➡ D6/7 nördlich des Reichstags von West nach Ost. Sie werden gerahmt vom Spreebogen und sind am schönsten vom Wasser aus zu erleben. Der **Uferweg**, zwischen dem Paul-Löbe-Haus und dem Haus der Kulturen der Welt rund einen Kilometer lang, führt vorbei am viel besuchten Capital Beach und am **Kanzleramt** ➡ D6. An der Spree hinter dem Haus der Kulturen der Welt liegt eine Schiffsanlegestelle, vor dem Kulturzentrum hat man wieder Anschluss an den Bus 100.

Oder man nimmt den Fußweg durch den Spreebogenpark zur nördlichen Uferseite. Wie ein Palast erhebt sich der **Hauptbahnhof** ➡ D6 mit seinem gigantischen Glasdach. Er bietet Einkaufsmöglichkeiten auf drei Ebenen (sonntags zum Teil geschlossen) und Anschluss an die Tram, die U- und S-Bahn sowie die Regional- und Fernbahn. Im Umkreis sind zahlreiche neue Hotels entstanden. Wie eine Skulptur wirkt der gläserne »Cube«, ein Bürogebäude mit komplett digitalisierter Infrastruktur. Eine Ruhezone ist der **Geschichtspark Zellengefängnis Moabit** ➡ C6 auf dem Areal einer ehemaligen Haftanstalt mit prominenten Insassen.

Erholung im Regierungsviertel: Die Strandbar »Capital Beach« liegt am Ludwig-Erhard-Ufer gegenüber vom Hauptbahnhof

Band des Bundes

Berlin

Das ehemalige Regierungsviertel im Tiergarten lag zu Mauerzeiten nicht nur politisch im Abseits, es präsentierte sich auch wenig ansprechend. Erst nach der Maueröffnung und dem Entschluss, Berlin zur Hauptstadt des wiedervereinigten Deutschland zu machen, zog wieder Leben ein. Schon im Vorfeld des Regierungsumzugs wurde das gesamte Areal um den Reichstag jahrelang zu einer Großbaustelle. Nicht nur zahlreiche Gebäude entstanden, auch Straßen wurden neu angelegt oder verlegt, der Tiergarten wurde untertunnelt, sodass sich selbst eingefleischte Berliner nicht mehr zurechtfanden.

Den Wettbewerb um die Neugestaltung gewannen die Berliner Architekten Charlotte Frank und Axel Schultes mit ihrem Entwurf Band des Bundes. Dieser sah symbolträchtig vor, einen rund einen Kilometer langen Gebäudekomplex quer durch den Spreebogen zu errichten und so Ost und West miteinander zu verbinden. Ungebaut blieb das Bürgerforum. Ein Bezugspunkt des Bandes ist das Zuhause des Bundestags, das modernisierte Reichstagsgebäude mit der gläsernen Kuppel. Wenige Schritte nördlich des Reichstags liegt innerhalb des Spreebogens das Paul-Löbe-Haus von Stephan Braunfels. Hier sind die Sitzungssäle der Bundestagsausschüsse untergebracht. Östlich, auf der anderen Seite der Spree, durch Fußgängerbrücken mit dem Paul-Löbe-Haus verbunden, liegt das Marie-Elisabeth-Lüders-Haus, ebenfalls von Stephan Braunfels, mit den Büros des Wissenschaftlichen Dienstes und der Parlamentsbibliothek.

Den westlichen Abschluss des Bandes bildet das markante Bundeskanzleramt, unter Berlinern als »Waschmaschine« bekannt, entworfen von Axel Schultes und Charlotte Frank. Im Inneren gibt es über 300 Büros, das wichtigste liegt im siebten Stock, und damit dem Chef oder der Chefin des Hauses nichts passiert, muss er oder sie durch acht Zentimeter dickes Panzerglas nach draußen schauen.

Wo Deutschland regiert wird: das Band des Bundes, links der Reichstag.

Direkt neben dem Bundeskanzleramt befindet sich die Schweizer Botschaft in einem Palais von 1870 mit modernem Erweiterungsbau. Die Schweizer haben als einzige auch zu Mauerzeiten an diesem Standort festgehalten und widersetzten sich deshalb standhaft, ihren angestammten Platz für Neubauten zu räumen.

Info Bundeskanzleramt: Willy-Brandt-Str. 1, 10557 Berlin, www.bundeskanzlerin.de. **Info Paul-Löbe-Haus:** Konrad-Adenauer-Str., 10557 Berlin. Kostenlose Führungen Sa/So/Fei 14 Uhr, Treffpunkt zentraler Besuchereingang des Reichstagsgebäudes. **Info Marie-Elisabeth-Lüders-Haus:** Schiffbauerdamm, 10117 Berlin. **Allgemeine Infos:** www.bundestag.de/besuche; Anmeldung zu den Führungen per Post (Deutscher Bundestag, Besucherdienst, Platz der Republik 1, 11011 Berlin), per Fax unter (030) 22 73 00 42 oder online unter http://visite.bundestag.de.

Ku'dammbummel und Berliner Westen

Zwei Hochhaustürme, das Luxushotel Waldorf Astoria Berlin im 115 Meter hohen Zoofenster und das Upper West mit einem Motel One als Hauptmieter, markieren das Tor zur City West. Sie überragen mächtig die **Kaiser-Wilhelm-Gedächtniskirche** ➡ F4 und das Europa-Center. Der Breitscheidplatz dazwischen ist rund um Joachim Schmettaus Weltkugelbrunnen, den sogenannten Wasserklops, ein beliebter Treffpunkt und Schauplatz vieler Jahrmarktsveranstaltungen. Gegenüber, an der Budapester Straße, ist mit dem **Bikini Berlin** eine Lifestyle-Shopping-Adresse entstanden – mit großer Dachterrasse und Blick auf den Zoologischen Garten. Monkey Bar und Neni-Restaurant in der zehnten Etage des stylischen Hotels 25hours sind Szene-Hotspots in der City West.

Das berühmteste Kaufhaus Deutschlands, das KaDeWe, wird in den kommenden Jahren komplett umgebaut

Östlich der Gedächtniskirche beginnt die Tauentzienstraße mit dem berühmten **KaDeWe** ➡ F4 am Wittenbergplatz. Das Kaufhaus des Westens ist das größte Warenhaus Kontinentaleuropas und bietet auf sechs Etagen eine riesige Auswahl an überwiegend edlen Produkten. Heiß begehrt sind die Schlemmer-Etage im sechsten Stock, wo man diverse Leckereien vor dem Einkaufen probieren kann, und das Streetfood-Angebot unter einem Glasdach in der siebten Etage.

Ab der Gedächtniskirche in südwestlicher Richtung verläuft der **Kurfürstendamm** ➡ G1–F4, dreieinhalb Kilometer lang und einst wie die Linden ein Reitweg ins Grüne. Der gute alte Ku'damm, nach der Wiederbelebung der historischen Mitte Berlins etwas aus der Mode gekommen, ist wieder »in« als lebhafter Boulevard und Einkaufsmeile der City West. An der Joachimsthaler Straße stehen sich das ehemalige Swiss-Hotel mit seiner behäbig runden Fassade und das in den Himmel ragende »Neue Kranzler Eck« gegenüber. Am Fuß des Hochhauses überrascht eine kleine Oase mit Bänken und zwei Volieren mit exotischen Vögeln. Am Ku'damm kann man sich ins Einkaufsgetümmel stürzen und durch die eleganten Seitenstraßen flanieren. In der **Fasanenstraße** ➡ F3 liegt das Literaturhaus, das sich die Räumlichkeiten in einer eleganten Villa des 19. Jahrhunderts mit dem stilvollen Restaurant im Wintergarten teilt.

Bikini Berlin – Einkaufszentrum am Zoo

Nördlich vom Ku'damm führt die Fasanenstraße vorbei am noblen Hotel Bristol und am Jüdischen Gemeindehaus und stößt an der Kantstraße auf den Delphi-Filmpalast, das **Theater des Westens** mit seiner neoklassizistischen Fassade und das von Josef Paul Kleihues entworfene Hochhaus Kantdreieck mit dem eigenwilligen Dachsegel. Noch ein Stück weiter Richtung Norden gelangt man zum **Ludwig-Erhard-Haus** ➡ E/F3, in dem u.a. die Börse untergebracht ist und das seiner ausufernden Formen wegen »Gürteltier« genannt wird.

Zurück am Ku'damm: Im Häuserblock zwischen Uhland- und Knesebeckstraße entsteht das neue Stadtquartier **Fürst** ➡ F3; nach Fertigstellung wieder mit der Ausstellung »The Story of Berlin«, die neu konzipiert **Berlin Museum & Bunker** heißen wird, und der Komödie am Kurfürstendamm.

Im weiteren Verlauf bis zum Rathenauplatz bietet der Kurfürstendamm die ganz normale Berliner Mi-

Berlin mit seinen gewaltigen Ausdehnungen – 45 Kilometer von Ost nach West, 38 Kilometer von Nord nach Süd – und seinen zwölf Bezirken, die alle einen eigenen Charakter bewahrt haben, lädt zu weiteren Entdeckungsreisen ein: zu kleinen Spaziergängen durch den Kiez, wie der Berliner sein Wohnviertel nennt, oder zu Ausflügen ins Grüne – mitten in der Stadt oder im weiten Umland. Der Unternehmungslust sind keine Grenzen gesetzt.

15 elliptische Bögen bilden die Grundstruktur des Ludwig-Erhard-Hauses

schung aus Wohn- und Geschäftshäusern, die auch seinen Charme ausmacht. Zur Luxusmeile wird er zwischen Bleibtreustraße und Olivaer Platz ➡ F2/3, wo alle internationalen Top-Designer und Nobeljuweliere angesiedelt sind. Am Lehniner Platz verdient das Haus der renommierten **Schaubühne** ➡ F2 Aufmerksamkeit. Die Fassade ist eine originalgetreue Rekonstruktion des von Erich Mendelsohn in den 1920er Jahren errichteten Kinos, im Innern erhielt der Neubau modernste Bühnentechnik.

Immer gut besucht: die Lokale in den S-Bahn-Bögen am Hackeschen Markt

Kulturszene und Spuren jüdischen Lebens – Spandauer Vorstadt

Hackescher Markt ➡ D8 und **Hackesche Höfe** sind beinahe ein Synonym für pulsierendes Großstadtleben, das Berliner und Touristen in Scharen anzieht, abends und nachts fast noch mehr als am Tag. Um acht labyrinthische Höfe entstand Anfang des 20. Jahrhunderts die typische Berliner Mischung aus Wohnen, Gewerbe und Kultur. Heute, nach umfangreicher Restaurierung, finden sich in dem Komplex das Varieté Chamäleon, Kinos, Galerien, Restaurants, Kneipen, schicke Geschäfte und immer noch Wohnungen. Besonders sehenswert ist der erste Hof mit seinen farbigen Fliesen. Auch außerhalb der Höfe, vor allem an der Oranienburger und der Rosenthaler Straße, reihen sich Bars, Boutiquen, Restaurants und Galerien aneinander.

In der Sophienstraße sind die **Sophiensaele** ➡ D8, ehemals Ballsäle und Versammlungsstätten des 1844 gegründeten Berliner Handwerkervereins, Spielstätte für anspruchsvolles Off-Theater und Performance-Projekte. Die Auguststraße hat sich zur Galerien-Meile entwickelt; immer einen Besuch wert sind die **Kunst-Werke Berlin** ➡ C8, ein Ausstellungshaus für zeitgenössische Kunst.

Was heute quirliges Szeneviertel ist, war einst das Zentrum jüdischen Lebens. Ein Rundgang durch die **Spandauer Vorstadt**, die ihren Namen der Lage am Weg Richtung Spandau verdankt, bringt dem Besucher ein wichtiges Kapitel Berliner Geschichte näher. An der Großen Hamburger Straße liegen die Reste des ersten **jüdischen Friedhofs** ➡ D8. Unmittelbar davor stand ein jüdisches Altenheim, das die Nazis zum Sammellager für Deportationen machten. Ein Mahnmal und ein Gedenkstein erinnern daran. In der Jüdischen Oberschule daneben werden heute auch Schüler anderer Konfessionen unterrichtet. Weithin sichtbar glänzt die goldene Kuppel der **Neuen Synagoge** ➡ D8 in der Oranienburger Straße. Nachdem sie in der »Reichskristallnacht« 1938 durch einen mutigen Polizisten vor der Zerstörung bewahrt wurde, fiel sie dann 1943 Bomben zum Opfer. 1991 war der Wiederaufbau des Vordergebäudes und der Kuppel vollendet. Die Umrisse der zerstörten Synagoge sind auf dem Freigelände markiert und damit die einstigen Dimensionen erkennbar. Nebenan, in einem

Festsaal der Sophiensaele

integrierten Neubau, gibt das jüdische Kulturzentrum **Centrum Judaicum** Einblick in die Geschichte der Berliner Juden. Aktuelles jüdisches Leben findet man u.a. in der Tucholskystraße mit dem Beth-Café und in der Auguststraße. Hier sind in die ehemalige Jüdische Mädchenschule Galerien und das Sterne-Restaurant Pauly Saal eingezogen.

Alternativ-kreativ – Friedrichshain-Kreuzberg

Kreuzberg, der multikulturelle Bezirk des alten West-Berlin, beäugte nach der Bezirksreform erst etwas skeptisch den neuen Partner auf der anderen Seite der Spree, doch Friedrichshain schaffte rasant den Aufschwung zu einem Szeneviertel. Dafür spricht allein schon die Kneipendichte zwischen dem »Boxi«, dem **Boxhagener Platz** ➡ E12, der Simon-Dach-Straße und dem RAW-Gelände. Beim ehemaligen Reichsbahn-Ausbesserungswerk haben sich vielfältige Initiativen angesiedelt, von Clubs und Bars, Kunst und Kultur über Skaterhalle und Kletterturm bis zu Pool mit Sonnendeck. Vorsicht im Gedränge!

Familienfreundlich ist der **Volkspark Friedrichshain** ➡ C/D10/11, davon zeugt schon der Märchenbrun-

Die Oberbaumbrücke, die längste Flussbrücke Berlins, verbindet die Stadtteile Kreuzberg und Friedrichshain

nen am südwestlichen Eingang (Am Friedrichshain/ Friedenstraße). Zentrale Achse des Bezirks ist jedoch die **Karl-Marx-Allee** ➡ D9–E12, die vom Frankfurter Tor an der Warschauer Straße bis zum Alexanderplatz führt. Die rund 1500 Meter bis zum Strausberger Platz sind Deutschlands längstes Baudenkmal und zugleich Denkmal des sozialistischen Aufbauwillens. Hier entstanden 1952–58 an der damaligen Stalinallee bis zu neun Stockwerke hohe Hochhäuser im Zuckerbäckerstil mit kleinteiligem Fassadenschmuck und prunkvollen Säulen.

Im Herzen von Kreuzberg liegt der U-Bahnhof Görlitzer Bahnhof

Dem südöstlichen Teil Kreuzbergs, genannt **SO 36** ➡ F/G9–11 nach dem früheren Postbezirk, verdankt der Stadtteil seine Bekanntheit als Zentrum der Hausbesetzer und alternativen Szene. Inzwischen sind auch hierher Unternehmen sowie feine Restaurants und Kneipen gezogen. Sehenswürdigkeiten in dieser Gegend sind u. a. die auf einstigem Grenzgebiet wiederhergestellte Gartenanlage im Engelbecken ➡ F9/10 (mit Café am Wasser), die lebhafte Oranienstraße ➡ F9/10 und das **Bethanien** ➡ F10 am Mariannenplatz. Das ehemalige Krankenhaus beherbergt mehrere Kunstprojekte und Kulturinitiativen.

Im **Viktoriapark** ➡ G/H7 bietet der 66 Meter hohe Kreuzberg schöne Aussichten. Bekrönt wird er von Schinkels 20 Meter hohem Nationaldenkmal zur Erinnerung an die Befreiungskriege (1813–15). Eine Besonderheit ist der künstliche Wasserfall, der nachts und im Winter abgestellt wird.

Passionskirche am Marheinekeplatz

Durch den Viktoriapark nach Norden und weiter Richtung Osten über den Mehringdamm hinweg geht es durch die Bergmannstraße mit ihren angesagten Bars und Restaurants, alternativen Boutiquen und freakigen Läden zum lebhaften **Marheinekeplatz** ➡ G8. In der über 100 Jahre alten, einladend modernisierten Markthalle gibt es hervorragende Delikatessenstände, an denen man auch probieren kann. Die am Nordostrand liegende Passionskirche ist ein beliebter Veranstaltungsort für Rock- und Jazz-Konzerte.

Eine andere Kulturmeile nördlich von Landwehrkanal und Hochbahn verbindet Museen und Gedenkstätten, die sich alle, dicht am ehemaligen Grenzstreifen, auf unterschiedliche Weise mit deutscher Geschichte auseinandersetzen. Dazu gehören das

Eine der trendigsten Straßen Berlins: die Kastanienallee

Jüdische Museum Berlin ➡ F8, die **Berlinische Galerie** ➡ F8, das **Mauermuseum – Museum Haus am Checkpoint Charlie** ➡ E/F8, die **»Black Box«** ➡ E8 mit Dokumenten zum Kalten Krieg, die Panorama-Installation zum geteilten Berlin »**asisi Panorama DIE MAUER«** ➡ E8, die Gedenkstätte mit Dokumentationszentrum **Topographie des Terrors** ➡ F7 und das Ausstellungshaus **Gropius Bau** ➡ F7 an einer markanten Schnittstelle zwischen West und Ost.

An der Schnittstelle zwischen Kreuzberg und Schöneberg erstreckt sich auf ehemaligem Eisenbahngelände der **Park am Gleisdreieck** ➡ F/G6/7, der das **Deutsche Technikmuseum Berlin** ➡ G7 umrahmt. Der große Park ist eine beliebte Spielwiese für Groß und Klein mit einigen Ruhezonen und dem Brauhaus mit Biergarten **BRLO Brwhouse** ➡ F6 direkt am U-Bahnhof Gleisdreieck.

Lebensart – Prenzlauer Berg

Kulturelles Zentrum im Stadtviertel Prenzlauer Berg: die KulturBrauerei

Das ehemalige Arbeiterviertel Prenzlauer Berg war schon vor der Wiedervereinigung der erste Szenebezirk Ost-Berlins und gilt noch immer als das östliche Gegenstück zu Kreuzberg. Der Stadtteil, der mit Pankow, dem ehemaligen Sitz der DDR-Regierung, eine neue Bezirksverbindung einging, ist vor allem ein

Treffpunkt für junge Leute, Künstler, Touristen und zunehmend mehr Familien. Zentraler Anlaufpunkt ist der **Kollwitzplatz** ➡ B9 mit seiner lebendigen Kneipenszene.

Das Wahrzeichen des Stadtteils ist der einstige **Wasserturm** ➡ C9/10. In alter Pracht restauriert wurde die **Synagoge** in der Rykestraße, mit 2000 Plätzen eine der größten in Europa. Ein Kultur- und Gewerbezentrum ist die **KulturBrauerei** ➡ B9, in der bis 1967 Bier gebraut wurde. Das Bauwerk aus rotem und gelbem Backsteinklinker mit seinen markanten Türmen ist ein imposantes Beispiel für die Industriearchitektur des 19. Jahrhunderts. Auf dem Gelände zwischen Schönhauser Allee und Knaackstraße, Sredzki- und Danziger finden sich Kinos, Theater, Clubs, Cafés, Restaurants und Biergärten, Verlage, Läden, Büros und das **Museum in der Kulturbrauerei**, das einen Blick auf den Alltag in der DDR wirft. Auch westlich der »Schönhauser«, in der Kastanienallee und der Oderberger Straße, pulsiert das Prenzlauer-Berg-Leben, ebenso nördlich der Danziger Straße rund um den **Helmholtzplatz** ➡ B9/10.

Der Wasserturm in Prenzlauer Berg ist der älteste Wasserturm Berlins

Aufbruchstimmung im Problembezirk – Neukölln

Alles neu in Neukölln! Nicht nur während Berlins populärstem Kunstfestival »48 Stunden Neukölln« stehen hier Kunst und Kultur auf dem Programm; das Image als düsteres Migrantenviertel hat der Stadtteil dagegen längst hinter sich gelassen. Den Anfang der Entwicklung zum Trendbezirk Nummer Eins machte der **Reuterkiez** ➡ G/H10/11 rund um die gleichnamige Straße: Angezogen von den damals günstigen Mieten gaben Künstler und Studenten dem einstigen Ghetto der Geringverdiener binnen kürzester Zeit ein neues Gesicht.

Südlich von Kreuzkölln, wie das neu entstandene Szeneviertel aufgrund seiner Nähe zu Kreuzberg auch genannt wird, hat sich ebenfalls einiges getan. An der viel befahrenen Karl-Marx-Straße zieht neben renommierten Kultur-Institutionen wie dem **Heimathafen Neukölln** und der **Neuköllner Oper** ➡ J11 die auf dem

Viel Kultur unter einem Dach: Neuköllner Oper und Passage Kino

Raumwunder und Grünflächen

Wohnsiedlungen der Moderne

Berlin

Licht, Luft und Sonne sollten diese sechs Stadtquartiere, die zwischen 1913 und 1934 entstanden, den Berlinern in den eigenen vier Wänden bescheren. Wie gut das geglückt ist, kann man bis heute sehen. Als Wohnsiedlungen der Moderne von der UNESCO 2008 zum Weltkulturerbe ernannt sorgen die Gebäudeensembles bis heute für eine hohe Lebensqualität. Moderne, bezahlbare Wohnungen mit Küchen, Bädern und Balkonen, in Häusern ohne Hinterhof und Seitenflügel – das war vor rund hundert Jahren eine Sensation und ist es heute wieder. So ist die Hufeisensiedlung in Neukölln ein beliebter Wohnort. Sie heißt so, weil sich das zentrale Gebäude wie ein Hufeisen um einen Teich mit Grünanlage biegt. Nach Plänen der Architekten Bruno Taut und Martin Wagner errichtet gruppieren sich hier auch Eigenheime mit Garten. In einer denkmalgerecht sanierten Wohnung kann man das ursprüngliche Farbkonzept Bruno Tauts kennenlernen. Wem die Architektur der 1930er Jahre und das üppige Grün der Kirschbäume in der Siedlung gefallen, der kann in dem detailgetreu eingerichteten Ferienhaus Tautes Heim Urlaub machen.

Wegweisender Siedlungsbau der Klassischen Moderne: Die Großsiedlung Siemensstadt (erbaut 1929–34) nach dem Entwurf des Architekten Hans Scharoun zählt seit 2008 zum UNESCO-Weltkulturerbe.

Weitere Siedlungen der Moderne sind die Quartiere Schillerpark (Wedding) von Bruno Taut, Siemensstadt (u. a. von Hans Scharoun und Walter Gropius), die Weiße Stadt in Berlin-Reinickendorf (Martin Wagner, Bruno Ahrens etc.), die Köpenicker Tuschkastensiedlung sowie die Wohnstadt Carl Legien (beide Bruno Taut) in Prenzlauer Berg. Allen Siedlungen ist die äußerst helle und grüne Gestaltung eigen. Kein Wunder, dass sich Architekten weltweit noch heute an dieser Architektur der Moderne orientieren.

Ganz- oder halbtägige Architekturführungen mit Wohnungsbesichtigungen und Bustransfer bringen Besuchern alle sechs Großsiedlungen näher; zudem gibt es verschiedene Themenführungen (jeweils 2,5 Std.).

Info: www.welterbesiedlungen-berlin.de, Führungen: Tel. (030) 420 26 96 20, https://ticket-b.de, **Info Hufeisensiedlung:** Fritz-Reuter-Allee 44, 12359 Berlin, U7 Parchimer Allee, Führungen: Tel. (030) 420 26 96 12, www.hufeisensiedlung-berlin.de, Fr, So 14–18, Nov.–März Fr, So 13–17 Uhr, **Info Tautes Heim:** Parchimer Allee 81 B, 12359 Berlin, U7 Parchimer Allee, Tel. (030) 60 10 71 93, www.tautes-heim.de.

Dach eines Parkhauses eröffnete Bar Klunkerkranich mit DJs und fantastischem Blick über die Stadt Publikum an. Zwischen den beiden Magistralen des Quartiers, der Hermann- und der Karl-Marx-Straße, liegt das Gartendenkmal **Körnerpark**, das »Sanssouci Neuköllns«. Die große Terrasse des Cafés sowie Konzerte und Ausstellungen in der ehemaligen Orangerie bilden einen starken Kontrast zum städtischen Leben rundherum.

Dem einheitlichen Straßenbild aus Handyläden und Ein-Euro-Shops trotzt auch das alte **Rixdorf** um den nahe gelegenen Richardplatz: Schulhaus, Scheunen, Schmiede und Kirche, die 1737 böhmische Glaubensflüchtlinge erschufen, verbreiten ländliches Flair.

Der **Schillerkiez** ➡ J10 rund um den Herrfurthplatz westlich der Karl-Marx-Straße hat von der Schließung des benachbarten Tempelhofer Flughafens 2008 profitiert: In den kleinen, symmetrisch angeordneten Straßen gibt es mittlerweile viele Ateliers, kleine Läden und Cafés, die mit ihren unverputzten Wänden oder Retrotapeten und zusammengewürfeltem »Omi«-Mobiliar ein lässiges Shabby-Chic-Flair verbreiten. Die weite Fläche des **Tempelhofer Felds** ➡ J8/9 sowie die alten Flughafengebäude sind beliebt als Veranstaltungsort und Naherholunsgebiet.

Die Installation »Tempelhofer Kunstflugfeld«

Berliner Größen – Wannsee und Grunewald

»... und dann nüscht wie raus nach Wannsee«, heißt es für viele Berliner, wenn es an warmen Tagen in der Stadt unerträglich wird. Havel und Wannsee bieten Wassersportlern viele Möglichkeiten. Bis zu 50 000 Badegäste finden im Strandbad **Wannsee** Platz, der **Große Wannsee** ➡ dC/dD3 ist besonders bei Seglern beliebt. Am **Kleinen Wannsee** kann man ein Ruderboot mieten oder sich auf literarische Spurensuche begeben: Nahe der Bismarckstraße 3 im Wald markiert eine Gedenkstätte den Ort, an dem der Dichter Heinrich von Kleist mit Henriette Vogel im November 1811 aus dem Leben schied.

In der Straße Am Großen Wannsee lädt die **Liebermann-Villa am Wannsee** zu einem Besuch ein. Hier verbrachte der Maler Max Liebermann viele Sommermonate und verewigte den schönen Garten auf zahlreichen Gemälden, von denen viele hier am Ort der Entstehung zu bewundern sind. Ein paar Häuser weiter erinnert die **Gedenkstätte Haus der Wannsee-Konferenz** ➡ dD3 an die Tagung, bei der 1942 die »Endlösung der Judenfrage« festgeschrieben wurde.

Spaziergänger zieht es auch in den **Grunewald** ➡ dC3/4 oder den **Volkspark Klein-Glienicke** ➡ dD3 zu beiden Seiten der Königstraße. Südlich liegt das **Jagdschloss Klein-Glienicke** (heute eine Bildungs-

Wohnen am Wannsee

Beliebtes Ausflugsziel vieler Berliner: der Wannsee

stätte) – von hier aus führt eine schmale Brücke nach **Babelsberg**, das schon zu Potsdam gehört, und zum Schloss Babelsberg. Von dessen Vorplatz hat man den schönsten Blick auf die **Glienicker Brücke** und auf die wasser- und waldreiche Potsdam-Berliner Kulturlandschaft, die seit 1990 auf der UNESCO-Welterbeliste steht.

Nördlich der Königstraße liegt auf einer Anhöhe mitten im Volkspark Glienicke das russisch inspirierte Blockhaus **Nikolskoë**, das schon im frühen 19. Jahrhundert Ausflügler bewirtete. Daneben steht die **Kirche St. Peter und Paul** mit ihrem russisch-orthodox anmutenden Zwiebelturm.

Von hier ist es nicht mehr weit zur Fähre, die auf die idyllische **Pfaueninsel** ➡ dD3 übersetzt. Friedrich Wilhelm II. (1744–97) ließ hier ein Schloss im romantischen Ruinenstil errichten. Wer heute die Pfaueninsel betritt, lässt die Großstadt weit hinter sich. Hier findet man Ruhe, zauberhafte Gärten, überraschende Parkbauten und abwechslungsreiche Wege durch den Landschaftspark, der zugleich Naturschutzgebiet ist (S-Bhf. Wannsee und Bus 218; zur Glienicker Brücke Bus 316).

Vom Fähranleger auf dem »Festland« führt ein Spazier- und Radweg zum **Schloss Glienicke** ➡ dD3, das 1824 von Schinkel sein italienisches Aussehen erhielt. Mitten auf der geschichtsträchtigen Glienicker Brücke beginnt das Stadtgebiet von Potsdam.

Die Natur- und Wasserpfade Treptow-Köpenicks

Mit 21 Quadratkilometer Wasser- und 70 Quadratkilometer Waldfläche ist Treptow-Köpenick *die* Natur- und Wassersportregion Berlins. Die Flora und Fauna der acht Naturschutzgebiete begeistern. Insbesondere das Natur- und Vogelschutzgebiet **Großer Müggelsee** erfreut sich großer Beliebtheit. Schwimmen, Surfen, Rudern, Segeln oder Stand-up-Paddeln – alles ist möglich. Auch der **Lehrpfad um den Teufelssee** mit seinem Moor weckt den Entdeckergeist. Seltene Vogelarten und Reptilien fühlen sich hier heimisch. Auf dem Steg lässt sich das Moor bequem überqueren. Ein Hufabdruck des Teufels erinnert an die namensgebende Legende. Weiter in die Müggelberge hinein eröffnet der **Müggelturm** eine atemberaubende Aussicht auf das grüne Berlin und Brandenburg.

Vom Natur- bis zum Architekturdenkmal, an den Ufern der Flüsse, Buchten, Seen und Kanäle ist die Berliner Geschichte sichtbar. Eine Bootstour auf dem Wasser Treptow-Köpenicks gleicht somit einer Zeitreise. Das barocke **Wasserschloss der Hohenzollern** beherbergt Schätze der Vergangenheit wie das Silberbuffet aus dem Rittersaal des Berliner Stadtschlosses. Weltbekannt ist auch das **Rathaus Köpenick** in der Altstadt. Hier raubte 1906 Wilhelm Voigt als Hauptmann von Köpenick verkleidet die Stadtkasse. In **Schöneweide** erinnern Industrieareale, Elektrizitätswerke und Gewerbehöfe an die schnell wachsende Elektroindustrie des beginnenden 20. Jahrhunderts. Berlins Ruf als »Elektropolis« hallt hier nach. Gegenüber liegt der **Plänterwald** mit dem Spreepark, dem wohl berühmtesten »Lost Place« der Hauptstadt. Noch verwildert wartet der ehemalige Freizeitpark der DDR auf neue Zeiten.

Schließlich führen die Wasserstraßen zum **Treptower Park**. Über 100 Rosensorten machen die Grünanlage zum blühenden Herzen der Hauptstadt. Die **Abteibrücke** verbindet den Park mit der Insel der Jugend und ist im wahrsten Sinne eine Brücke der Herzen: In den Boden eingelassene Fliesen mit blauen Herzen ehren prominente Personen und Organisationen, die sich für das Wohl von Kindern engagieren. Die nahtlose Verbindung zwischen Großstadt und Natur macht die Region so einzigartig. ■

An den Ufern der Wasserstraßen trifft Natur auf urbane Szenekultur

*Großer Müggelsee:
Nur 20 Minuten vom Stadtzentrum entfernt
schenkt der größte See Berlins
seltenen Tier- und Pflanzenarten Lebensraum*

Hausboote auf der Dahme bei Märkisch Buchholz

Eine Klinik im Dornröschenschlaf

Beelitz-Heilstätten und Baumkronenpfad »Baum & Zeit«

Beelitz, Brandenburg

Eigentlich ist das märkische Beelitz für seinen Spargel berühmt, liegt es doch inmitten des größten Spargelanbaugebiets in Brandenburg. Doch das Städtchen nahe Potsdam hat noch mehr zu bieten: Im Ortsteil Heilstätten befindet sich ein einzigartiges denkmalgeschütztes Ensemble aus 60 Gebäuden, die der Siedlung ihren Namen gaben, denn sie gehörten ursprünglich zu einem Sanatorium. Zwischen 1898 und 1930 ließ die Landesversicherungsanstalt Berlin den Komplex als Lungenheilanstalt für die Arbeiter der Hauptstadt errichten, später kamen weitere Klinikbereiche hinzu. Nach dem Zweiten Weltkrieg übernahm die Rote Armee das Gelände als größtes Militärkrankenhaus außerhalb der Sowjetunion; einer der letzten Patienten hieß Erich Honecker.

Seit 1994 stehen die durch Verfall stark in Mitleidenschaft gezogenen Jugendstilgebäude leer, doch das heißt nicht, dass hier nichts mehr passiert. Im Gegenteil: Ein Bereich des über 200 Hektar großen Areals wird gerade touristisch erschlossen, woanders entstehen Büros und Wohnungen. Spannend für Besucher sind vor allem die Erlebnisführungen durch einige der historischen Klinikgebäude: Ihre wie aus der Zeit gefallene und geradezu verwunschene Atmosphäre hat schon namhafte Regisseure wie etwa Roman Polanski zu Dreharbeiten inspiriert, auch finden hier immer wieder künstlerische Events statt.

Seit einiger Zeit ist das Gelände auch von oben zu besichtigen: Im September 2015 eröffnete der zurzeit 320 Meter lange Baumkronenpfad »Baum & Zeit«. In 23 Metern Höhe können Spaziergänger durch die Wipfel der Parkbäume wandeln und dabei das gesamte ehemalige Klinikareal überblicken.

Morbider Charme in einem leerstehenden Gebäude auf dem Gelände der ehemaligen Lungenheilstätten in Beelitz.

Info: Beelitz-Heilstätten liegt ca. 40 km südwestlich von Berlin. **Info Beelitz-Heilstätten:** Straße nach Fichtenwalde 13, 14547 Beelitz-Heilstätten, Tel. (03 32 04) 391 55, www.beelitz.de. **Info Baumkronenpfad »Baum & Zeit«:** Straße nach Fichtenwalde 13, 14547 Beelitz-Heilstätten, Tel. (03 32 04) 63 47 23, www.baumundzeit.de, Öffnungszeiten März tägl. 10–17, April–Okt. tägl. 10–19, Nov.–Feb. Sa/So/Fei 10–16 Uhr, Eintritt € 11, Kinder € 8, bis 6 J. frei.

Sommerfrische für Kurfürsten und Koryphäen

Caputh

Caputh, Brandenburg

Komm nach Caputh, pfeif auf die Welt« – mit diesen Worten lud Albert Einstein seinen Sohn Eduard in sein Sommerhaus ein. Und in der Tat gibt es wohl wenige Orte in der Umgebung von Berlin, an denen sich die Welt auf so angenehme Weise vergessen lässt wie in diesem 4500-Einwohner-Dorf vor den Toren Potsdams. Wegen seiner idyllischen Lage inmitten eines Waldgebiets und an gleich drei Seen war Caputh von jeher eine Zuflucht für Menschen, die dem Trubel der nahen Hauptstadt zeitweilig entfliehen wollten – ab dem 17. Jahrhundert für den brandenburgischen Adel, ab dem 19. Jahrhundert auch für bürgerliche Sommerfrischler.

Heute zeugen vor allem zwei Bauwerke von der historischen Bedeutung des Ortes: das kurfürstliche Schloss und das Einsteinhaus. Das in einem Park unmittelbar am Templiner See gelegene Lustschloss Caputh entstand ab 1662. Die Innenausstattung des eleganten dreiflügeligen Landhauses in Weiß und Ocker ist zum größten Teil noch original: Deckenfresken und Stuckarbeiten, Gemälde und Mobiliar zeugen von barocker Wohnkultur.

Ein besonderes Kleinod ist der mit 7500 holländischen Fliesen ausgestattete Speisesaal im Souterrain. Der gewölbte, im Sommer angenehm kühle Saal des 1999 generalsanierten Schlosses kann ebenso besichtigt werden wie der prächtige Festsaal, die Privaträume der preußischen Herrscherfamilie, zwei weitere Zimmer sowie ein Teil der kurfürstlichen Porzellansammlung. Rund um das malerisch am Ufer der Havel gelegene Schlösschen – übrigens eines der ältesten in der Schlösser- und Seenlandschaft rund um Potsdam – erstreckt sich ein prächtiger Park.

Das Einsteinhaus liegt am nördlichen Ende des Dorfes direkt am Waldrand. In seiner bewussten Schlichtheit entsprach das 1929 erbaute dunkelrote Holzhaus den damaligen Vorstellungen von Funktionalität und Moderne. Bis 1932 verbrachte Einstein hier den Sommer und lud gern andere Geistesgrößen zu sich ein. Heute wird das Haus als Gedenk- und Begegnungsstätte genutzt.

Das Sommerhaus von Albert Einstein in Caputh.

Info: Caputh liegt ca. 10 km südwestlich von Potsdam und 35 km von Berlin. **Info Schloss Caputh:** Straße der Einheit 2, 14548 Caputh, Tel. (03 32 09) 703 45, www.spsg.de, Öffnungszeiten Mai–Okt. Di–So 10–17.30, Nov.–März Sa/So 10–16, April Sa/So 10–17.30 Uhr, Eintritt € 6, ermäßigt € 5. **Info Einsteinhaus:** Am Waldrand 15–17, 14548 Caputh, Tel. (03 31) 27 17 80, www.einsteinsommerhaus.de, Öffnungszeiten April–Okt. Sa/So/Fei 10–18 Uhr, Eintritt € 5, ermäßigt € 2,50.

Traditionsreiche Pferderennbahn vor den Toren Berlins

Galopprennbahn Hoppegarten

Dahlwitz, Brandenburg

Am 17. Mai 1868 läutete zum ersten Mal offiziell die Startglocke ein Rennen auf der Galopprennbahn Hoppegarten ein. König Wilhelm I. und Otto von Bismarck waren persönlich anwesend. In der Folgezeit entwickelte sich Hoppegarten mit über 40 Rennställen und mehr als 800 Trainingspferden zu einer der bedeutendsten Pferderennbahnen Europas. Aus dem Jahr 1835 datiert das erste Wettbuch, 1872 wurde der regelmäßige Betrieb der Wettmaschine verzeichnet.

Seither haben viele Pferdefreunde aller Gesellschaftsschichten gewettet, gewonnen oder verloren. Auch wenn schon 1888 die alten Holztribünen neueren massiven Konstruktionen weichen mussten, so sind doch wichtige Bauten aus damaliger Zeit erhalten geblieben. Das denkmalgeschützte Waagehaus, der Jockeyclub, die Kaisertribüne, der Führring und die Bollersdorfer Trainierbahn zeugen vom Glanz alter Zeit.

Finanziert wurde die Rennbahn lange vom exklusiven Union-Club, einem 1867 nach englischem Vorbild gegründeten Club zur Förderung des Pferdesports, der auch gesellschaftlich eine große Rolle spielte. Ihm gehörten neben Otto von Bismarck zahlreiche weitere Aristokraten an, darunter Minister, Diplomaten und Offiziere.

Für Kenner des Galoppsports ist Hoppegarten immer ein Geheimtipp gewesen. An diese Wiege des deutschen Galopprennsports zog es nach der Wende Jahr für Jahr wieder mehr begeisterte Rennsportfreunde und -profis. Seit 1992 wird auch der »Große Preis von Berlin«, der erstmalig 1888 stattfand, wieder in Hoppegarten ausgetragen.

Mittlerweile gibt es immer mehr Familien, die in dieser grünen Lunge nahe Berlin Abwechslung suchen und finden. Während die Erwachsenen den spannenden Pferderennen zuschauen, können die Kinder sich beim Ponyreiten oder auf einer Hüpfburg vergnügen.

Der Name Hoppegarten leitet sich übrigens von Hopfen ab, da sich die Rennstrecke auf einem Anbaugebiet aus der Zeit des Preußenkönigs Friedrich Wilhelm I. befindet. Das bekannte deutsche Kinderlied »Hoppe, hoppe, Reiter« stammt definitiv nicht von der beliebten Pferderennbahn.

Info: Hoppegarten grenzt im Osten an Berlin. **Info Galopprennbahn Hoppegarten:** Goetheallee 1, 15366 Dahlwitz-Hoppegarten, Tel. (033 42) 389 30, www.hoppegarten.com. Rennpläne und Eintritt auf der Website. **Info Hotel Hoppegarten Berlin:** Köpenicker Str. 1, 15366 Dahlwitz-Hoppegarten, Tel. (033 42) 36 70, www.hotelhoppegartenberlin.com, Preise auf Anfrage.

Pferderennen auf der Galopprennbahn Hoppegarten.

Brandenburgs ältestes Kloster

KLOSTER LEHNIN

Kloster Lehnin, Brandenburg

Eine weiße Hirschkuh soll Markgraf Otto I. im Traum bedroht haben – er deutete dies als Zeichen der Bedrohung durch heidnische Slawen und ließ ein Kloster bauen, um das Christentum am östlichen Rand des Reiches zu stärken. Das 1180 gegründete Kloster Lehnin südwestlich von Potsdam war das erste in der Mark Brandenburg.

Seine Mönche waren Zisterzienser, die das Gelände urbar machten, Landwirtschaft betrieben und Lehnin in eine blühende Abtei verwandelten. Davon zeugen bis heute die noch erhaltenen Gebäude des 1542 aufgelösten Klosters, darunter die Klosterkirche, das Königshaus und das Abtshaus – lauter Perlen mittelalterlicher Backsteinarchitektur und Zeugnisse zisterziensischen Ordenslebens. Andere Gebäude verfielen nach der Säkularisierung, wurden aber ab Mitte des 19. Jahrhunderts in vorbildlicher Weise wiederaufgebaut, sodass ein stimmiger Gesamteindruck dieses ältesten Klosters in Brandenburg entsteht.

Die ehemalige Zisterzienserabtei Lehnin.

Die Anlage ist heute Teil einer Stiftung mit medizinisch-karitativem Schwerpunkt, doch die Erinnerung an die Geschichte wird gepflegt: Im barocken Amtshaus neben dem Kloster widmet sich ein Museum dem Zisterzienserorden und der ehemaligen Abtei Lehnin. Anhand zahlreicher Exponate zeichnet die Dauerausstellung die Baugeschichte der Anlage nach, führt aber auch in die geistlichen Grundlagen des Ordens ein, deren Mönche einem strengen Rhythmus aus Gebets- und Arbeitsstunden folgen.

Das Kloster sieht sich als Zentrum lebendiger Spiritualität. In der Klosterkirche finden Gottesdienste und das alljährliche Festival »Musica Mediaevalis« statt, bei dem Konzerte mittelalterlicher Musik im Kirchenraum oder im Kreuzgang zur Aufführung kommen. Wer selbst kreativ werden möchte, ist herzlich eingeladen an den Holzbildhauerworkshops teilzunehmen, die die Künstlerin Roswitha Schaab regelmäßig im Gästehaus am Klostersee abhält. Für Pilger, Fahrradtouristen, Wanderer und Tagesausflügler werden Übernachtungsmöglichkeiten geboten.

INFO: Kloster Lehnin liegt ca. 50 km südwestlich von Berlin. **INFO KLOSTER LEHNIN:** Klosterkirchplatz 1–19, 14797 Kloster Lehnin, Tel. (033 82) 730 70, www.klosterlehnin.de, Öffnungszeiten Klosterkirche April–Okt. Mo–Fr 10–16, Sa 10–17, So 13–17, Nov.–März Mo–Sa 10.30–15.30, So 13–16 Uhr, Öffnungszeiten Zisterziensermuseum Mo–Sa 10–17, So 13–17 Uhr, Eintritt € 3, ermäßigt € 2.

Stadt der Könige

POTSDAM

Potsdam, Brandenburg

Er schaffte die Folter ab, verkündete die Religionsfreiheit, reformierte das Landrecht, führte die Kartoffel ein und machte Potsdam mit seinen Schlössern und Gärten zu einer einzigartigen Metropole der schönen Künste.

Preußens glanzvollem König Friedrich II., mit dem Beinamen »der Große«, liebevoll der »Alte Fritz« genannt, verdankt Potsdam sein Gesicht. Zahlreiche Schlösser und Gärten sind auf sein Geheiß entstanden, darunter sein Meisterstück: Schloss Sanssouci. Die prachtvolle Sommerresidenz, im Rokokostil erbaut, wird auch heute noch als das »Versailles des Nordens« bezeichnet.

Aber auch andere Bauherren aus dem Geschlecht der Hohenzollern waren in Potsdam aktiv, sie holten die besten Architekten, Landschaftsplaner und Kunsthandwerker ihrer Zeit nach Potsdam. Deren kunstvolle Hände formten die Schlösser, Parks und Gärten der preußischen Herrscher. An besonders reizvollen Aussichtspunkten der Stadt ließen sie Gebäude errichten. So entstanden u. a. das Belvedere auf dem Pfingstberg und das Belvedere auf dem Klausberg.

Genauso sehenswert wie die Schlösser von Potsdam sind ihre Gärten. Der Bonner Landschaftskünstler und Gartenarchitekt Peter Joseph Lenné vollbrachte im 19. Jahrhundert das gestalterische Kunststück, die Anlagen von Sanssouci mitten in Potsdam bis zur Pfaueninsel in Berlin zu einer einheitlichen Gartenlandschaft zu verbinden. Besucher können hier nach Herzenslust auf Alleen, in Rosengärten oder durch den von Mittelmeerpflanzen geprägten Sizilianischen Garten spazieren, sich an der Blütenpracht barock gestalteter Anlagen erfreuen, durch kleine Wälder streifen und an kunstvollen Wasserarkaden oder an »natürlich« gestalteten Teich- und Wasserläufen entlanglaufen.

Im Sommer ist das Stadtschloss von Potsdam vom Wasser aus besonders schön anzusehen.

Seit 1990 gehören die Schlösser, Gärten und Parks der Potsdamer Kulturlandschaft mit etwa 150 historischen Gebäuden und 500 Hektar Parkanlagen zum UNESCO-Welterbe.

Aber auch das Zentrum mit Nikolaikirche, Brandenburger Straße und Nauener Tor – um nur einen Bruchteil zu nennen – ist sehenswert und beschert der Stadt neben Touristenströmen auch eine überdurchschnittlich hohe Lebensqualität: Potsdam wächst so schnell wie nie.

INFO: Potsdam liegt an der südwestlichen Grenze von Berlin. **INFO POTSDAM:** Tourist Informationen im Hauptbahnhof und Am Alten Markt, Potsdam, Tel. (03 31) 27 55 88 99, www.potsdamtourismus.de. **INFO STIFTUNG PREUSSISCHE SCHLÖSSER UND GÄRTEN BERLIN-BRANDENBURG:** Besucherzentrum an der Historischen Mühle, An der Orangerie 1, 14469 Potsdam, Tel. (03 31) 969 42 00, www.spsg.de.

Die deutsche Traumfabrik

Filmpark und Studio Babelsberg

Potsdam, Brandenburg

Unglaublich, aber wahr: Das älteste Filmstudio der Welt steht nicht in Hollywood, sondern vor den Toren Berlins: Bereits 1912 wurde in Potsdam-Babelsberg der erste Film gedreht und seitdem ist das Gelände ohne Unterbrechung in Benutzung. Seine erste Blütezeit erlebte das Studio in den 1920er Jahren, als UFA-Regisseure wie Friedrich Wilhelm Murnau oder Fritz Lang hier Klassiker wie »Nosferatu« und »Metropolis« drehten und mit Greta Garbo oder Marlene Dietrich spätere Weltstars vor der Kamera standen.

Auch heute werden im größten Filmstudio Europas wieder international erfolgreiche Produktionen realisiert, so z. B. »Inglourious Basterds«, »Grand Budapest Hotel« oder »Der Vorleser« mit Kate Winslet.

Direkt neben dem Studio liegt der Filmpark Babelsberg, der mit einer Vielzahl an Attraktionen aufwartet: Hier kann man in der Vulkanarena eine Stuntshow erleben, Filmtiere vor der Kamera beobachten, in 4-D- und Laser-Welten eintauchen oder durch mittelalterliche Kulissen bummeln.

Hautnah lässt sich miterleben, wie eine Fernsehsendung entsteht und wie Masken- oder Bühnenbildner arbeiten. Die Westernshow »Tierisch verdreht« ist eine muntere Persiflage auf den Wilden Westen. In der Dauerausstellung zum Thema Sandmännchen lässt man sich selbst per Kamera in die Kulisse des Fernsehklassikers zoomen. Ein Highlight ist die Führung zum Außenset von »Jim Knopf« oder zu einer Kulisse aus »Der Baader-Meinhof-Komplex«.

Studio und Filmpark sind Teil der Medienstadt Babelsberg, zu der auch die benachbarte Filmuniversität »Konrad Wolf« und das Deutsche Rundfunkarchiv gehören. Hier arbeiten Tausende Menschen an Film-, Fernseh- und Radioproduktionen.

Spannende Stuntshow im Filmpark Babelsberg.

Etwas weiter nördlich am Ufer des Griebnitzsees liegt die Villenkolonie Neubabelsberg. Sie entstand Ende des 19. Jahrhunderts, als es Großindustrielle, Bankiers und Künstler aus dem brodelnden Berlin an das idyllische Ufer zog. Mit dem Aufschwung der UFA-Studios folgten auch namhafte Regisseure und Schauspieler.

Info: Potsdam-Babelsberg ist der größte Stadtteil Potsdams. **Info Studio Babelsberg:** August-Bebel-Str. 26–53, 14482 Potsdam, Tel. (03 31) 721 21 32, www.studiobabelsberg.de, Studiotour (für Erwachsene in Gruppen von 2 bis 15 Pers.) auf Anfrage, Kosten pro Person € 25. **Info Filmpark Babelsberg:** Großbeerenstr. 200, Potsdam, Tel. (03 31) 721 27 50, www.filmpark-babelsberg.de, Öffnungszeiten April–Okt. meist tägl. 9/10–17/18 Uhr (einzelne Schließtage, vgl. Website), Eintritt € 22, Kinder € 15, bis 3 J. frei.

»Quand je serai là, je serai sans souci«

Schloss und Park Sanssouci

Potsdam, Brandenburg

Vor den Toren der florierenden Hauptstadt Berlin ließ der aufklärerische preußische Herrscher König Friedrich II. – »Friedrich der Große« – einen Königspalast erbauen, der als schönstes Beispiel europäischer Rokokoarchitektur bezeichnet wird. Inmitten einer wunderschönen Seenlandschaft fühlte er sich ohne Sorge – *sans souci* – und konnte seinen kulturellen Interessen nachgehen. Sanssouci sollte, gemäß den makellosen Entwürfen des Königs, mit der Extravaganz von Versailles konkurrieren können. Das lange, einstöckige Gebäude, gekrönt von einer Kuppel und flankiert von zwei runden Pavillons, ist von gestuften Terrassen und sorgfältig angelegten Gärten umgeben. Zum Schloss gehören zwei Nebengebäude – die Bildergalerie, in der sich rund 140 von Friedrich erworbene barocke Gemälde befinden, und die als Gästeschloss erbauten Neuen Kammern.

Im Verlauf der Regierungszeit Friedrichs des Großen gewann auch der Park allmählich Gestalt. Schloss, Terrassen und Gartenparterre bilden den Mittelpunkt der 290 Hektar großen Anlage. Die natürliche Umgebung ausnutzend wurde der Park nach Osten und Westen erweitert. Dabei entwickelte sich eine etwa zwei Kilometer lange Allee, an der sich Bauten, Zier- und Nutzgärten sowie waldartige Bereiche aneinanderreihen. An der Westseite des Schlossparks liegt etwa das Neue Palais, eines der letzten großen Bauwerke preußischen Barocks. Auch die im Stil italienischer Renaissancevillen errichtete Orangerie ist einen Besuch wert.

Südwestlich von Sanssouci liegt das kleine klassizistische Schloss Charlottenhof. Das schlichte Bauwerk bietet in seinem Inneren einen Einblick in das Schaffen des berühmten Architekten Karl Friedrich Schinkel, der das Interieur komplett selbst gestaltete.

Das Belvedere auf dem Klausberg war das letzte von Friedrich dem Großen im Park Sanssouci geplante Bauwerk. Belvedere steht für »schöne Aussicht«, und in der Tat ist der Blick auf die hügelige, seenreiche Landschaft, die Stadt und natürlich Sanssouci atemberaubend.

Bemerkenswert ist, dass sich der König auf der obersten Weinbergterrasse in einer Gruft beisetzen lassen wollte. Auch im Tode wollte er Sanssouci nahe sein. Sein Wunsch ist, wenn auch erst im Jahr 1991, in Erfüllung gegangen.

Info: An die nördliche Innenstadt angrenzend. **Info Park Sanssouci:** Maulbeerallee, 14469 Potsdam, Tel. (03 31) 96 94-200, www.spsg.de, Öffnungszeiten Park tägl. 8 Uhr bis Einbruch der Dunkelheit, Öffnungszeiten Schlösser vgl. Website, Eintritt € 19, ermäßigt € 14 (Tagesticket Sanssouci+: Besuch aller Potsdamer SPSG-Schlösser inkl., feste Einlasszeit für Schloss Sanssouci).

Schloss Sanssouci, die Sommerresidenz Friedrichs II. von Preußen: »Quand je serai là, je serai sans souci« (Wenn ich da sein werde, werde ich ohne Sorge sein).

Backsteinbauten und geschwungene Giebel

Holländisches Viertel

Potsdam, Brandenburg

Eigentlich sollten mit den Luxuswohnungen erfahrene niederländische Handwerker und Künstler in die Stadt gelockt werden. Der Alte Fritz beauftragte den Architekten Johann Bouman mit diesem strategischen Projekt. Doch als das erhoffte Resultat ausblieb, zogen französische und preußische Handelsvertreter und Soldaten in die zweistöckigen Giebelhäuser im Zentrum von Potsdam.

Das von 1732 bis 1742 erbaute Holländische Viertel ist das größte geschlossene holländische Bauensemble außerhalb der Niederlande und gehört heute neben den Schlössern von Sanssouci zu den bedeutendsten Sehenswürdigkeiten der einstigen Hohenzollern-Residenz. 134 Häuser aus rotem Backstein stehen in vier Karrees, alle haben einen mützenartigen Giebel, die Fensterrahmen sind allesamt weiß und die Portale mit kunstvollen Ornamenten versehen: Wer das Stadtviertel besucht, fühlt sich ins vorletzte Jahrhundert zurückversetzt, wähnt sich gar in Amsterdam und kann hier vortrefflich flanieren.

Zu DDR-Zeiten verfielen die Bauten, sogar ein Abriss des Viertels drohte. Nach der Wende wurde es aufwendig und sorgsam restauriert. Das Ergebnis, eine gefällige Mischung aus Wohnungen, Läden, Werkstätten, Ausstellungen, Galerien, Bars, Restaurants und Cafés, hat das Viertel zum Touristenmagneten gemacht. Insbesondere das Käsekuchencafé »Guam«, das »Poffertjes en Pannekoeken« und das »La Maison du Chocolat« ziehen süße Schleckermäuler an. Über die Geschichte des Viertels und seines Baumeisters informiert ein kleines Museum, das Jan Bouman Haus in der Mittelstraße.

Den südlichen Abschluss des gemütlichen Quartiers bildet der Bassinplatz. Wo früher ein Sumpf war, kaufen die Potsdamer heute auf dem Markt Frisches aus der Region ein.

Dachgiebel im Holländischen Viertel.

Hier lohnt auch ein Besuch der von August Stüler entworfenen Kirche St. Peter und Paul. Zum Töpfermarkt im September und zum holländischen Weihnachtsmarkt mit original niederländischem Sinterklaas herrscht reichlich Trubel in dem idyllischen Viertel.

Info: Das Holländische Viertel liegt im Zentrum von Potsdam. **Info Holländisches Viertel:** www.hollaendisches-viertel-potsdam.de. **Info Jan Bouman Haus:** Mittelstr. 8, 14467 Potsdam, Tel. (03 31) 280 37 73, www.jan-bouman-haus.de, Mo–Fr 13–18, Sa/So/Fei 11–18 Uhr, Eintritt € 3 ermäßigt € 2, bis 12 J. frei. **Info Café Guam:** Mittelstr. 38, Potsdam, www.cafe-guam.de, tägl. ab 11 Uhr. **Info La Maison du Chocolat:** Benkertstr. 20, Potsdam, www.schokoladenhaus-potsdam.de, tägl. ab 10 Uhr. **Info Poffertjes en Pannekoeken:** Mittelstr. 32, Potsdam, www.poffertjes-en-pannekoeken.de, tägl. ab 12 Uhr.

Blick vom Kolonadendach der Nikolaikirche über die Atlasskulptur des alten Rathauses auf Potsdam

Harmonisch fügt sich das Eingangstor zum Friedhof Grunewald-Forst in die ländliche Umgebung ein

Friedhof Grunewald-Forst (Selbstmörderfriedhof)

Gerade Menschen, die Berlin das erste Mal besuchen, haben oft nicht auf dem Schirm, dass das Berliner Stadtgebiet zu fast einem Fünftel aus Waldfläche besteht. Manch einer mag argumentieren, man solle seine Zeit in einer Metropole nicht unbedingt im Wald verbringen. Das ist jedoch zu kurz gedacht. Berlin wäre nicht Berlin, wenn es nicht auch in seinen Wäldern ganz besondere Orte geben würde, die nur auf die Existenz der angrenzenden Metropole zurückzuführen sind.

Ein solcher Ort ist der Friedhof Grunewald-Forst, der auch als Selbstmörderfriedhof bekannt ist, was an seinen ursprünglichen Zweck erinnert. Zwischenzeitlich waren noch weniger einfühlsame Bezeichnungen wie Schandacker oder Friedhof der Namenlosen geläufig.

In der Ruhe des Grunewalds gelegen bietet er eine tolle Möglichkeit, die Wälder Berlins an einer besonders atmosphärischen Stelle kennenzulernen. Mit einer Fläche von nur 80 mal 60 Metern ist der einzige Selbstmörderfriedhof Deutschlands verhältnismäßig klein. Eine 1929 angelegte Steinmauer, die sich perfekt in die ländliche und abgelegene Atmosphäre einfügt, bildet die Grenze zum umliegenden dichten Wald.

REISEBLOG
Berlin

Ursprünglich entstanden ist der Friedhof, weil in dieser Ecke Berlins immer wieder Wasserleichen aufgefunden wurden, und zwar auch von Menschen, die sich selbst in der Havel ertränkt hatten. Dass die Leichname von der Strömung gerade hier angespült wurden, erklärt sich aus dem Knick, den der Fluss in der Nähe des Friedhofs an der Bucht von Schildhorn macht.

Da Suizid aus Kirchensicht eine schwere Sünde war, gab es für Selbstmörder bis zur Aufhebung des Bestattungsmonopols der Kirche im Jahr 1920 keinen Platz auf Friedhöfen. Den Hinterbliebenen drohten bei illegalen Beerdigungen hohe Geldstrafen. So war die leicht abgelegene Stelle im Wald, die sich zum Friedhof Grunewald-Forst entwickelte, besser für inoffizielle Bestattungen geeignet als gut einsehbare Orte näher am Havelufer. Als die Begräbnisstätte neu entstanden war, wählten auch einige lebensmüde Menschen diesen Wald, um sich zu erhängen.

Nachdem hier bereits Jahrzehnte zuvor inoffizielle Grabstätten für Selbstmörder entstanden waren, fand die erste offizielle Beisetzung auf dem Friedhof Grunewald-Forst erst 1920 statt, also in dem Jahr, in dem das Bestattungsmonopol der Kirche aufgehoben wurde. Tatsächlich dürften mehrere Tausend Menschen ihre letzte Ruhestätte auf dem Friedhof gefunden haben, zumal hier allein im Mai 1945 über 1000 Bombenopfer bestattet wurden.

Grab des Friedhofsforschers Willi Wohlberedt auf dem Friedhof Grunewald-Forst

Das wohl bekannteste ist das Grab einer der Ikonen der Hippie-Zeit: Nico (bürgerlich: Christa Päffgen) wurde als Model, Musikerin und Schauspielerin weltbekannt, ganz besonders für ihren Gesangsbeitrag zum Album »The Velvet Underground and Nico«. Bereits als 18-Jährige hatte sie sich bei einem Spaziergang über den Friedhof gewünscht, später einmal auf diesem Fleckchen Erde begraben zu werden – ein Wunsch, der ihr 1988 erfüllt wurde. Ihr Grab wird von Fans mit Weinflaschen, Lippenstiften, Zigarettenschachteln, Briefen und dergleichen bestückt.

Mit dem Dichter Georg Heym hatte der Friedhof Grunewald-Forst einen weiteren prominenten Anhänger. Wie es das Schicksal so wollte, wurde Heyms Leichnam nach seinem tödlichen Schlittschuhunfall hier in der Leichenhalle aufbewahrt.

Friedhof Grunewald-Forst ➡ dD3
Schildhornweg 33, 14193 Berlin
✆ (030) 902 91 85 70
Tägl. 7–20 Uhr

Eine Sphinx ziert die als Baudenkmal geschützte Bismarckbrücke zwischen Hertha- und Hubertussee

Villenkolonie Grunewald

In der Villenkolonie Grunewald präsentiert sich Berlin von seiner gepflegtesten und vornehmsten Seite. Kein Wunder: Der damalige Reichskanzler Otto von Bismarck hatte 1871 die Vision von einer Berliner Variante der Pariser Champs-Élysées, die als Prachtstraße aus dem Stadtzentrum in das grüne Umland führen sollte. Realisiert wurde dieser Plan in Form des Kurfürstendamms, der bis dato nur ein einfacher Reitweg war.

Am westlichen Endpunkt des Prachtboulevards Ku'damm entstand ab 1889 standesgemäß nicht irgendein Viertel, sondern die Villenkolonie Grunewald. Diese war damit sehr gut ans Zentrum angebunden und konnte dennoch mit der Nähe zur Natur glänzen. Um Platz für das entstehende Nobelviertel zu schaffen, wurden viele Bäume abgeholzt, was bei der Bevölkerung nicht gut ankam und in dem populären Berliner Gassenhauer »Im Grunewald, im Grunewald ist Holzauktion« aufs Korn genommen wurde. Zugleich legte man vier künstliche Seen an: Koenigssee, Herthasee, Hubertussee und Diana-

Die Villenkolonie Grunewald am Koenigssee

see. Diese gesellten sich zu den natürlichen Gewässern Halensee und Hundekehlesee. Dadurch entstand unweit des Stadtzentrums eine landschaftlich besonders reizvolle Kombination aus Wald und Seen, die schließlich nur noch mit großzügigen Villen geschmückt werden musste.

Das gelang schnell. Die Villenkolonie Grunewald war nach kaum mehr als zehn Jahren bereits zu großen Teilen besiedelt. Wegen baulicher Vorgaben wurden nur sehr große Grundstücke verkauft, die sich allein die wohlhabendsten Einwohner Berlins leisten konnten. Entsprechend zog die Villenkolonie vor allem vermögende Industrielle, Bankiers, Verleger, Künstler und Schriftsteller an. Bis heute kann die noble Siedlung ihre Stellung als eines der teuersten Wohngebiete Berlins behaupten. Nicht mehr viel soll jedoch von dem ehemals regen gesellschaftlichen Leben in den Villen übrig geblieben sein, das vor dem Zweiten Weltkrieg für eine besondere Atmosphäre in dem Nobelviertel gesorgt hatte.

Die Villenkolonie mit ihren prachtvollen Häusern und schönen Seen eignet sich wunderbar für einen Spaziergang abseits der Menschenmassen, die sich rund um die Hauptsehenswürdigkeiten der Stadt tummeln. Dabei könnten u. a. die folgenden Stationen von besonderem Interesse sein:

Der Zweite Weltkrieg hinterließ auch in der Villenkolonie Grunewald tiefe Spuren, und das nicht nur in Form von Kriegsschäden an einigen der Villen. Am Bahnhof Berlin-Grunewald, der direkt an die Villensiedlung angrenzt, erinnert das Mahnmal »Gleis 17« an die Rolle dieses Bahnhofs im Holocaust. Von hier aus wurden Zehntausende deutsche Juden in östlich gelegene Konzentrationslager deportiert. Allein 35 dieser Züge beförderten 17 000 Menschen vom Bahnhof Grunewald ins KZ Auschwitz-Birkenau.

Unweit des Bahnhofs lebten zudem gleich zwei der berühmtesten deutschen Filmstars: Hildegard Knef zog Ende der 1970er Jahre in die Bettinastraße 12, wo sie sich wegen einiger viel diskutierter Schönheitsoperationen längere Zeit vor der Presse versteckte. In der Winklerstraße 22 lebte wiederum ab 1966 die zu Karrierebeginn vor allem als Sissi bekannte Schauspielerin Romy Schneider. Sie bewohnte hier eine Vierzimmerwohnung und spazierte von dort aus häufiger zum Koenigssee. Ebenfalls eine interessante Adresse für Filmfans ist die Douglasstraße 22. Dort lebte der berühmte Stummfilmregisseur Friedrich Wilhelm Murnau von 1919 bis 1926.

Der krönende Abschluss eines Streifzugs durch das Viertel mit den vielen hochherrschaftlichen und unbedingt sehenswerten Villen, die teils auch Botschaften beherbergen, kann schließlich ein Picknick an einem der schönen Seen sein.

Mahnmal »Gleis 17« ➡ dD4
Am Bahnhof Grunewald, 14193 Berlin
Immer frei zugänglich

Haus der Wannsee-Konferenz

Am malerischen Ufer des Großen Wannsee liegt eine prächtige Fabrikantenvilla. Hinsichtlich ihrer historischen Bedeutung ist sie ein besonders erschütternder Ort mit Bezug zum Nationalsozialismus, der für immer eng mit Berlin in Verbindung stehen wird. Heute ist das Gebäude als Haus der Wannsee-Konferenz bekannt. Dieses luxuriöse Anwesen, das 1914/15 für den Fabrikanten Ernst Marlier erbaut wurde, diente der SS zwischen 1941 und 1945 als Tagungs- und Gästehaus und wurde vor Kriegsende als Hauptquartier des Gestapo-Leiters Heinrich Müller eingesetzt. Von außen ist es nicht zu erahnen, dass an dieser Stelle eines der größten Verbrechen der

REISEBLOG
Berlin

Menschheitsgeschichte von offizieller Seite organisiert wurde.

Am 20. Januar 1942 trafen hier 15 hochrangige SS- und NSDAP-Funktionäre auf Einladung von Reinhard Heydrich (Chef der Sicherheitspolizei und des SD) zusammen, um die sogenannte Endlösung der Judenfrage zu organisieren. Beschlossene Sache und in vollem Gange war der Holocaust bereits – hier ging es um die Organisation seiner Umsetzung und damit die Frage, wie die jüdische Bevölkerung Europas für ihre Vernichtung gen Osten transportiert werden sollte. Dafür wurden die Opfergruppen festgelegt (in Europa gerieten 11 Millionen Menschen ins Fadenkreuz). Außerdem erstellte man einen Zeitplan für deren Tötung. Für diesen Zweck musste die Zusammenarbeit der verantwortlichen Behörden koordiniert werden. Folglich wurden die wichtigsten Beamten der Ministerien über das Thema in Kenntnis gesetzt.

Konkret wurde während der Sitzung besprochen, dass die nach Geschlecht getrennten und arbeitsfähigen Juden nach Osten vertrieben und auf ihrem Weg dorthin zum Straßenbau eingesetzt werden sollten.

Im Haus der Wannsee-Konferenz erläutert eine Ausstellung die unsägliche Historie des Hauses

Bereits während dieser Arbeitsmärsche würden viele von ihnen umkommen. Die Überlebenden sollten auf eine im Protokoll nicht genannte Art und Weise getötet werden. Die grausamen Beschlüsse der streng geheimen Wannsee-Konferenz, von der nur das Protokoll erhalten ist, wurden zeitnah umgesetzt.

Die heute im Haus der Wannsee-Konferenz untergebrachte Dauerausstellung informiert ausführlich über die verhängnisvolle Zusammenkunft und die vorangegangenen und nachfolgenden Geschehnisse. Die Historie der Judenfeindlichkeit sowie deren Ausprägung in der Weimarer Republik werden thematisiert. Es folgt eine Darstellung der systematischen und propagandistischen Ausgrenzung der Juden in Nazi-Deutschland, ehe dann der Aufbau von Ghettos sowie der Transit- und Konzentrationslager Thema ist. Auch die Frage, inwieweit die deutsche Bevölkerung über den von ihrem Land ausgehenden Völkermord Bescheid wissen konnte, wird behandelt.

Es ist bedrückend, sich am Originalschauplatz in der malerischen Kulisse am Ufer des Großen Wannsee den wahren Inhalt dieses Treffens vor Augen zu führen, das auf der damaligen Einladung als »Besprechung mit anschließendem Frühstück« umschrieben wurde.

Ebenfalls einen Besuch wert ist die Villa des berühmten deutsch-jüdischen Malers Max Liebermann, die nur wenige Meter vom Haus der Wannsee-Konferenz entfernt liegt und samt ihrer Sammlung von Liebermann-Werken besichtigt werden kann.

Haus der Wannsee-Konferenz ➡ dD3
Am Großen Wannsee 56–58, 14109 Berlin
✆ (030) 805 00 10
www.ghwk.de
Tägl. 10–18 Uhr
Eintritt frei
Kostenlose öffentliche Führungen Sa/So 16 und 17 Uhr

Liebermann-Villa ➡ dD3
Colomierstr. 3, 14109 Berlin
✆ (030) 80 58 59 00
www.liebermann-villa.de
Tägl. außer Di Okt.–März 11–17, April–Sept. 10–18 Uhr
Eintritt € 8, bis 14 J. frei

REISEBLOG
Berlin

Viktoriapark mit dem Nationaldenkmal

Auf der höchsten Erhebung im Zentrum Berlins erinnert das von Karl Friedrich Schinkel entworfene und 1821 fertiggestellte Nationaldenkmal an die Erfolge in den Befreiungskriegen, in denen die Truppen Napoleon Bonapartes besiegt werden konnten. Für diese Befreiungskriege wurde der damals noch als Tempelhofer Berg bekannte Hügel militärisch befestigt. Napoleons Truppen konnten jedoch daran gehindert werden, überhaupt so weit ins Zentrum Berlins vorzudringen. So war es naheliegend, an diesem erfolgreich verteidigten Ort ein Nationaldenkmal anzusiedeln. Drumherum wurde ein Park angelegt. Die so entstandene Kombination aus Parkanlage, sehenswertem Denkmal und Aussichtspunkt macht den besonderen Reiz des Viktoriaparks aus.

Die Neptunskulptur im Viktoriapark

Der 1894 eingeweihte Wasserfall im Viktoriapark fließt durch grobes Felsgestein

Der Grundriss des neugotischen Denkmals basiert auf dem Eisernen Kreuz und damit dem Verdienstorden, der für besondere Leistungen in den Befreiungskriegen verliehen wurde. Zusätzlich ist die Spitze des Denkmals von einem Kreuz geschmückt. In der Folge benannte man den Tempelhofer Berg um, und zwar wegen der Kreuzlastigkeit des Denkmals in Kreuzberg. Etwas später wurde eben dieser Kreuzberg namensgebend für das gesamte Viertel, in dem er sich befindet und das weit über die Stadtgrenzen Berlins hinaus als – wer hätte es gedacht – Kreuzberg bekannt ist.

Auf dem höchsten Hügel im Stadtzentrum erreicht das Nationaldenkmal an seiner Spitze immerhin eine stolze Höhe von 66 Metern über dem Meeresspiegel. Das Monument erinnert für sich genommen optisch vage an eine Kirche – und ursprünglich hatte der Architekt, Karl Friedrich Schinkel, sogar den Bau einer ganzen Kathedrale vor Augen. Die zwölf zum Denkmal gehörenden Figuren stellen Mitglieder des Königshauses und der preußischen Generalität nach und stehen symbolisch für die einzelnen Etappen der Befreiungskriege.

Der das Nationaldenkmal umgebende Viktoriapark wurde erst ab 1888 angelegt. Verschlungene Wege führen hinauf zum Denkmal. Rasenflächen in Hanglage drängen sich förmlich für ein Päuschen vom Großstadttrubel auf. Sehenswert ist zudem der Rosengarten an der Methfesselstraße. Die gesamte Parkanlage, die viele Jahre lang die einzige grüne Oase Kreuzbergs war, steht seit 1980 unter Denkmalschutz.

Neben dem Anblick des Nationaldenkmals und dem Ausblick von dessen Plattform ist der 24 Meter hohe Wasserfall, der sich durch Felsen schlängelt, ein weiteres Highlight im Viktoriapark. Leider ist er nicht ganzjährig in Betrieb.

Insbesondere an warmen Sommerabenden ist der Park ein beliebter Treffpunkt mit einer sehr angenehmen Atmosphäre. Hierfür dürfte auch der dort zum Verweilen einladende Biergarten Golgatha verantwortlich sein. Wer sich mehr Ruhe wünscht, sollte nicht unbedingt an einem lauen Abend kommen.

Zu der Zeit, als »Inglourious Basterds« rund um Berlin gedreht wurde, quartierte sich übrigens Regisseur Quentin Tarantino im östlich an den Viktoriapark angrenzenden Bergmannkiez ein. Kein Wunder, denn dort zeigt sich

Kreuzberg von seiner malerischsten Seite. Wer also den Viktoriapark mit seiner Anwesenheit beehrt, der kann bei dieser Gelegenheit auch dem bunten, facettenreichen Bergmannkiez einen Besuch abstatten.

Biergarten Golgatha ➡ H7
Dudenstr. 40, 10965 Berlin
✆ (030) 785 24 53
www.golgatha-berlin.de
April–Sept. ab 9 Uhr, Okt.–März wetterabhängig

Berliner Unterwelten

Ticketshop in Berlin-Gesundbrunnen gelegen. Einige der Führungen starten jedoch auch an anderen Orten.

Will man die deutsche Hauptstadt umfassend erkunden, darf man das Berlin unterhalb der Erdoberfläche nicht außer Acht lassen. Bunkeranlagen, DDR-Fluchttunnel, U-Bahntunnel – es gibt viel zu entdecken. Dank des Berliner Unterwelten e.V. ist das im Rahmen geführter Touren möglich. Das Angebot des Vereins besteht – je nach Saison – aus etwa zehn unterschiedlichen öffentlichen Führungen.

Ein besonders guter Startpunkt zum Abtauchen in die künstlich beleuchtete Welt unterhalb der Berliner Straßen befindet sich am Bahnhof Gesundbrunnen. Dort stößt man nicht nur auf den Shop, in dem die Tickets für

Beliebter Startpunkt für eine Führung durch die Berliner Unterwelten ist der U-Bahnhof Gesundbrunnen

einige der Touren verkauft werden, sondern auch auf die in der Zwischenebene des U-Bahnhofs angesiedelte multimediale Dauerausstellung »Mythos Germania – Vision und Verbrechen«. Sie beschäftigt sich mit einem der größenwahnsinnigsten Pläne des NS-Regimes: dem Bau der Reichshauptstadt Germania. Der Architekt Albert Speer wurde damit beauftragt, Berlin derart umzugestalten, dass gigantische Monumentalgebäude und Verkehrsachsen den Machtanspruch der NS-Führung verdeutlichen würden. Für die allgemeine Bevölkerung war in dieser geplanten Protzvariante Berlins wenig Platz vorgesehen. Die Stadt sollte überwiegend repräsentativen Zwecken dienen. Ein Modell von Germania, das für den Film »Der Untergang« angefertigt worden ist, gehört ebenfalls zur Ausstellung und entlarvt sehr anschaulich den Größenwahn der NS-Führung.

Noch tiefer ins unterirdische Berlin dringt die Führung »Tour 1 – Dunkle Welten« vor: Die Besucher erkunden die Luftschutzanlage Gesundbrunnen. Zum Schutz der Bevölkerung bei Luftangriffen wurde die U-Bahnstation Gesundbrunnen im Zweiten Weltkrieg auf mehreren

Labyrinthartige Gänge führen auf mehreren Ebenen zu Luftschutzräumen aus der Zeit des Zweiten Weltkriegs

REISEBLOG
Berlin

Ebenen mit Luftschutzräumen für Anwohner und Reisende ausgestattet. Diese Luftschutzanlage ist heute allein deshalb noch zu besichtigen, weil die Alliierten sie im Rahmen der Demilitarisierung nicht zerstören konnten – durch eine Sprengung wäre auch der U-Bahntunnel in Mitleidenschaft gezogen worden.

Während der Führung werden die unterirdischen und denkmalgeschützten Räumlichkeiten erkundet, die auch unter der Bezeichnung Berliner Unterwelten-Museum geläufig sind. (Eine eigenständige Erkundung dieses Museums ist übrigens nicht möglich.) Thematisiert wird hier vor allem der Luftschutz im Bombenkrieg. Die Präsentation am historisch passenden Ort sorgt für eine besondere Eindringlichkeit der vorgestellten Fakten und Fundstücke. Die Sorgen der zu Kriegszeiten hier Schutz suchenden Menschen sind zu erahnen – auch ohne die Geräuschkulisse einschlagender Bomben. Auf diese Weise gewährt die Führung einen einzigartigen Einblick in das Berlin der Kriegsjahre.

Besucher, die sich weitere Eindrücke von der Unterwelt Berlins wünschen, werfen einen Blick auf die sonstigen Tourangebote des Berliner Unterwelten e.V. So können beispielsweise zwischen April und Oktober in unmittelbarer Nähe des Bahnhofs Gesundbrunnen eine Flakturmruine im Volkspark Humboldthain sowie Teile der größten Bunkeranlage Berlins erkundet werden. Eine andere Führung informiert über die Berliner Fluchttunnel, die zum Überwinden der Grenze errichtet wurden.

Berliner Unterwelten Ticketshop ➡ A7
Brunnenstr. 105, 13355 Berlin
✆ (030) 49 91 0517
www.berliner-unterwelten.de
April–Okt. Mo–Fr 10–16, Sa/So 9–16, März, Nov. tägl. 10–16, Dez.–Feb. Do–Mo 10–16, Di/Mi 10–14 Uhr
Ticket für eine Führung € 12–15

Berliner Unterwelten Dauerausstellung ➡ A7
Ecke Badstr./Behmstr., 13357 Berlin
✆ (030) 499 10 517
www.berliner-unterwelten.de/mythos-germania/dauerausstellung
April–Okt. Do–So 11–18, Nov.–März Sa/So 11–16 Uhr
Eintritt € 6

Museen und Galerien, Architektur und andere Sehenswürdigkeiten, Gedenkstätten

Museen und Galerien

Spionagetunnel im Alliierten-Museum

AlliiertenMuseum ➡ dC4
Clayallee 135, Zehlendorf
U3: Oskar-Helene-Heim
Bus X83/115: AlliiertenMuseum
✆ (030) 818 19 90, www.alliiertenmuseum.de
Tägl. außer Mo 10–18 Uhr, Eintritt frei
Geschichte der Westmächte in Berlin (1945–94) mit dem letzten Wachhäuschen vom Checkpoint Charlie und Sonderausstellungen.

2 Altes Museum/Antikensammlung ➡ D8
Bodestraße 1–3, Mitte, Eingang: Am Lustgarten
S3/5/7/9: Hackescher Markt, Bus 100/200: Lustgarten
✆ (030) 266 42 42 42, www.smb.museum
Tägl. außer Mo 10–18, Do bis 20 Uhr
Eintritt € 10/5, bis 18 J. frei
Karl Friedrich Schinkel entwarf das Gebäude (1823–30), das als erstes Königliches Museum in Preußen eröffnet wurde. Heute führt es in »Antike Welten«. Im Hauptge-

Infos und Tipps zu Berliner Museen

Auf der Seite www.museumsportal-berlin.de kann man sich einen **Überblick über die Museumslandschaft** in Berlin verschaffen. Zudem ermöglichen zahlreiche Suchkriterien die individuelle Planung nach Interesse, Vorlieben und Zeit.

Telefonische Auskunft zu allen Fragen rund um die Berliner Museen, Gedenkstätten und Archive, Schlösser und Gärten gibt es unter der Nummer ✆ (030) 24 74 98 88.

Insgesamt 17 Häuser gehören zu den **Staatlichen Museen zu Berlin – Preußischer Kulturbesitz.** Auf der 2 **Museumsinsel** finden sich das Alte Museum, die Alte Nationalgalerie, das Bode-Museum, das Neue und das Pergamonmuseum, ein Kombiticket gibt es für € 18/9. Nähere Infos unter ✆ (030) 266 42 42 42, www.smb.museum.

Die **WelcomeCard Museumsinsel** gilt 72 Std. (€ 46) und bietet freie Fahrt in Berlin und freien Eintritt in die Häuser auf der Museumsinsel sowie weitere Ermäßigungen. Keinen Fahrschein enthält der **Museumspass Berlin** (€ 29/14,50, ohne Sonderausstellungen), dafür gewährt er freien Eintritt in rund 30 Museen (inkl. Museumsinsel) an drei aufeinanderfolgenden Tagen.

Große Meister sind in der Alten Nationalgalerie versammelt

schoss zeigt die Antikensammlung griechische Kunst in eindrucksvollen Arrangements. Zu den Spitzenwerken gehört die Skulptur der »Betende Knabe«. Im Obergeschoss sind Schätze der Etrusker und Römer zu sehen.

2 Alte Nationalgalerie ➡ D8
Bodestr. 1–3, Mitte
S3/5/7/9: Hackescher Markt, Bus 100/200: Lustgarten
✆ (030) 266 42 42 42, www.smb.museum
Tägl. außer Mo 10–18, Do bis 20 Uhr
Eintritt € 10/5, bis 18 J. frei
Der Bau in Gestalt eines griechischen Tempels stammt von dem Schinkel-Schüler Friedrich August Stüler (erbaut 1867–76). 2001 als erstes auf der Museumsinsel wiedereröffnet, bietet das Haus einen kostbaren Rahmen für Meisterwerke des 19. Jh. (Gemälde und Skulpturen).

Zu den Highlights gehören Gemälde der Romantik, Stadtansichten von Eduard Gaertner, Meisterwerke der Impressionisten sowie Skulpturen von Auguste Rodin. Gemälde von Max Liebermann, Adolf Menzel und die Prinzessinnengruppe von Johann Gottfried Schadow sind weitere Glanzpunkte.

Das Bauhaus-Archiv / Museum für Gestaltung wurde errichtet von den Architekten Walter Gropius, Alex Cvijanovic und Hans Bandel

Bauhaus-Archiv / Museum für Gestaltung ➡ F5
Klingelhöferstr. 14, Mitte
✆ (030) 254 00 20, www.bauhaus.de
Wegen Umbau geschl.
Temporärer Standort: Knesebeckstr. 1–2, Charlottenburg, tägl. außer So 10–18 Uhr, Eintritt frei
Das 1979 nach Entwürfen von Walter Gropius errichtete Gebäude wird saniert und mit einem Neubau von Volker Staab erweitert.

Berlinische Galerie: Konzentration auf das Schaffen in Berlin

Berlinische Galerie – Museum für moderne Kunst ➡ F8
Alte Jakobstr. 124–128, Kreuzberg
U6: Hallesches Tor
✆ (030) 78 90 26 00, www.berlinischegalerie.de
Tägl. außer Di 10–18 Uhr, Eintritt € 10/7, bis 18 J. frei
In dem ehemaligen Glaslager wird neben aktuellen Ausstellungen ein breites Panorama von Kunstwerken präsentiert, die in Berlin entstanden oder für Berlin von Bedeutung sind. Zu den prominentesten Namen gehören Lesser Ury, Otto Dix, George Grosz, Erich Heckel, Heinrich Zille und Georg Baselitz.

2 **Bode-Museum** ➡ D8
Bodestr. 1–3, Mitte, Eingang: Am Kupfergraben
S3/5/7/9: Hackescher Markt, Bus 100/200: Lustgarten
✆ (030) 266 42 42 42, www.smb.museum
Tägl. außer Mo 10–18, Do bis 20 Uhr
Eintritt € 12/6, bis 18 J. frei
Das Haus wurde als Kaiser-Friedrich-Museum 1897–1904 auf der Inselspitze errichtet. Heute sind hier die Skulpturensammlung, das Münzkabinett und das Museum für Byzantinische Kunst zu sehen. Ausgewählte Werke der Gemäldegalerie ergänzen die Präsentation der Skulpturen.

Bröhan-Museum ➡ D1
Schloßstr. 1 A, Charlottenburg
U2: Sophie-Charlotte-Platz
✆ (030) 32 69 06 00, www.broehan-museum.de
Tägl. außer Mo 10–18 Uhr, Eintritt € 8/5, bis 18 J. frei
Das Spezial- und Epochenmuseum (1889–1939) konzentriert sich auf internationale Werke des Jugendstil, Art déco und Funktionalismus. Die großartige Sammlung umfasst Porzellan, Glas, Keramik, Silber- und Metallarbeiten, Möbel, Teppiche, Lampen sowie Grafiken und Gemälde von Malern der Berliner Secession wie Hans Baluschek, Karl Hagemeister und Willy Jaeckel. Hinzu kommen wechselnden Ausstellungen.

Brücke-Museum ➡ dC4
Bussardsteig 9, Dahlem
Bus 115: Pücklerstr.
✆ (030) 831 20 29, www.bruecke-museum.de

Tägl. außer Di 11–17 Uhr
Eintritt € 6/4, Kombiticket mit Kunsthaus Dahlem € 8/6
Herausragende Sammlung von Werken der »Brücke«-Maler Ernst Ludwig Kirchner, Erich Heckel, Karl Schmidt-Rottluff und anderer, präsentiert in wechselnden Ausstellungen.

C/O Berlin – Galerie im Amerika Haus ➡ E/F3
Hardenbergstr. 22–24, Charlottenburg
S-/U-Bahn: Zoologischer Garten
✆ (030) 28 44 41 60, www.co-berlin.org
Tägl. 11–20 Uhr, Eintritt € 10/6
Ausstellungen zur historischen und zeitgenössischen Fotografie.

Dalí – Die Ausstellung am Potsdamer Platz ➡ E7
Leipziger Platz 7, Mitte
S-/U-Bahn, Bus M41/M48/M85/200: Potsdamer Platz
✆ 0700-32 54 23 75 46, www.daliberlin.de
Tägl. 12–20, Juli/Aug. schon ab 10 Uhr
Eintritt € 12,50/9,50, Familienticket (2 Erw., 3 Kinder) € 31
Dalí total: 450 Werke aus allen Schaffensphasen und in nahezu allen Techniken der Kunst demonstrieren die Vielseitigkeit des spanischen Meisters des Surrealismus.

DDR Museum ➡ D8
Karl-Liebknecht-Str. 1, Mitte
S3/5/7/9: Hackescher Markt, Bus 100/200: Lustgarten
✆ (030) 847 12 37 31, www.ddr-museum.de

Besucher vor einem Selbstporträt von Salvador Dalí in seiner Ausstellung am Potsdamer Platz

Die Deutsche Kinemathek nimmt Besucher mit auf einen Streifzug durch die deutsche Filmgeschichte

Tägl. 10–20, Sa bis 22 Uhr, Eintritt € 8,50/5,50, Zeitfenster-Tickets online ab € 9,80/6
Zeitreise in ein untergegangenes Land: Die interaktive Präsentation lässt den Alltag in der DDR lebendig werden. Themen sind u. a. Wohnen, Freizeit, Kultur, aber auch Staat, Ideologie, Mauer, Opposition, Stasi-Überwachung.

Deutsche Kinemathek – Museum für Film und Fernsehen ➡ E6
Potsdamer Str. 2, Tiergarten
S-/U-Bahn, Bus M41/M48/M85/200: Potsdamer Platz
✆ (030) 303 00 90 30, www.deutsche-kinemathek.de
Tägl. außer Di 10–18, Do bis 20 Uhr, Eintritt € 8/5
Ein Streifzug durch die deutsche Film- und Fernsehgeschichte; ein Schwerpunkt ist der Nachlass von Marlene Dietrich. Zudem wechselnde Themenausstellungen.

Deutsches Historisches Museum im Zeughaus und Ausstellungshalle von I. M. Pei ➡ D8
Unter den Linden 2, Mitte
Eingang Pei-Bau: Hinter dem Gießhaus 3
S-/U-Bahn: Friedrichstraße
✆ (030) 20 30 40, www.dhm.de
Tägl. 10–18 Uhr, Eintritt € 8/4, bis 18 J. frei
Bedeutender Barockbau mit prachtvoller Fassade und auffallendem Dachschmuck, 1695–1706 erbaut. Andreas Schlüter schuf u. a. für den Innenhof 22 »Masken sterbender Krieger«. Die Dauerausstellung bietet mit 8000 Objekten einen Rundgang durch 2000 Jahre deutsche Geschichte. Wechselausstellungen finden im spektakulären Pei-Bau statt, der unterirdisch mit dem Zeughaus verbunden ist. Der mit Glas überdachte Schlüterhof im alten Gebäude wird für Veranstaltungen genutzt.

Der chinesisch-amerikanische Stararchitekt I. M. Pei entwarf die moderne Ausstellungshalle des Deutschen Historischen Museums

Deutsches Spionagemuseum ➡ E7
Leipziger Platz 9, Mitte
S-/U-Bahn, Bus M41/M48/M85/200: Potsdamer Platz
✆ (030) 398 20 04 51, www.deutsches-spionagemuseum.de
Tägl. 10–20 Uhr, Eintritt € 12/8
Multimedial und interaktiv durch das Schattenreich der Spione und Geheimdienste, von babylonischen Kundschaftern über James Bond und Kalten Krieg bis in die Gegenwart. Wer alles ausprobieren will, braucht Zeit.

Geheimdienste vernichten gern Beweise: Im Deutschen Spionagemuseum können Besucher geschredderte Akten zusammensetzen

Das Kulturforum bietet hochkarätige Museen wie die Gemäldegalerie

Deutsches Technikmuseum Berlin
Vgl. S. 180 ff.

Forum Willy Brandt ➡ E7
Behrenstr. 15, Mitte
S-/U-Bahn: Brandenburger Tor, U6: Französische Straße
✆ (030) 787 70 70, www.willy-brandt.de/forum-berlin
Wiedereröffnung der Ausstellung »Willy Brandt – Politikerleben« am neuen Standort im Herbst 2019
Informative Ausstellung zu Willy Brandt und den politischen Entwicklungen im 20. Jh.

8 Gemäldegalerie im Kulturforum Potsdamer Platz ➡ E6
Matthäikirchplatz, Tiergarten
S-/U-Bahn: Potsdamer Platz, Bus M48/M85: Kulturforum, 200: Philharmonie
✆ (030) 266 42 42 42, www.smb.museum
Tägl. außer Mo 10–18, Do bis 20 Uhr
Eintritt € 14/7, Kombiticket alle Ausstellungen im Kulturforum € 16/8, bis 18 J. frei
Die Sammlung von Weltrang umfasst mehr als 1000 Meisterwerke der europäischen Malerei vom 13. bis zum 18. Jh. Der Gebäudekomplex beherbergt auch das **Kupferstichkabinett** (€ 6/3), die **Kunstbibliothek** (Eintritt frei) und Sonderausstellungshallen.

Das Georg-Kolbe-Museum in Berlin-Charlottenburg

Georg-Kolbe-Museum ➡ dC3
Sensburger Allee 25, Charlottenburg
S-Bahn, Bus X34/M49/X49: Heerstraße
✆ (030) 304 21 44, www.georg-kolbe-museum.de
Tägl. 10–18 Uhr, Eintritt € 7/5, bis 18 J. frei
Wechselnde Ausstellungen im Atelier des Bildhauers Georg Kolbe (1877–1947); Skulpturengarten unter Kiefern.

Gegenwartskunst steht im Mittelpunkt der Ausstellungen im Hamburger Bahnhof

Gropius-Bau ➡ F7
Niederkirchnerstr. 7, Kreuzberg
S-/U-Bahn: Potsdamer Platz, S-Bahn: Anhalter Bahnhof
✆ (030) 254 86-0, www.gropiusbau.de
Tägl. außer Di 10–19 Uhr, Eintritt € 15/10, bis 16 J. frei
Berlins schönstes Ausstellungshaus, Ende des 19. Jh. von Martin Gropius und Heino Schmieden im Renaissancestil erbaut, zeigt überwiegend Ausstellungen in Zusammenarbeit mit zeitgenössischen Künstlerinnen und Künstlern.

Hamburger Bahnhof – Museum für Gegenwart ➡ C6
Invalidenstr. 50/52, Mitte
S-/U-Bahn: Hauptbahnhof
✆ (030) 266 42 42 42, www.smb.museum
Di–Fr 10–18, Do bis 20, Sa/So 11–18 Uhr, Eintritt € 14/7, bis 18 J. und 1. Do im Monat 16–20 Uhr frei
Berlins ältester Bahnhof (1846) wurde nach Plänen des Architekten Josef Paul Kleihues rekonstruiert und erweitert. Im Mittelpunkt der Dauerausstellung steht die Kunst von 1960 bis heute, darunter richtungsweisende Werke von Künstlern wie Andy Warhol, Anselm Kiefer oder Joseph Beuys, dem eine eigene Abteilung gewidmet ist. In den angrenzenden Rieck-Hallen präsentiert die Friedrich Christian Flick Collection u. a. Videoinstallationen und weitere Positionen zeitgenössischer Kunst.

Humboldt Forum ➡ D8
Schlossplatz, Unter den Linden 3, Mitte
www.humboldtforum.com
2020 eröffnen nach und nach:
Geschichte des Ortes
Berlin-Ausstellung, ✆ (030) 24 74 98 59, www.stadtmuseum.de
Ethnologisches Museum und **Museum für Asiatische Kunst** (bis zur Eröffnung Sonderausstellungen), ✆ (030) 266 42 42 42, www.smb.museum
Humboldt Labor, www.kulturtechnik.hu-berlin.de

Jüdisches Museum Berlin ➡ F8
Lindenstr. 9–14, Kreuzberg, U1/3/6: Hallesches Tor
✆ (030) 25 99 33 00, www.jmberlin.de
Tägl. 10–20 Uhr, an jüdischen Feiertagen geschl.
Eintritt € 8/3, Familienticket € 14, bis 6 J. frei

Schon vor der Eröffnung im Jahr 2001 erregte der spektakuläre Bau von Daniel Libeskind Aufsehen. 2007 fügte der Stararchitekt aus New York einen außergewöhnlichen Raum (Glashof) aus Glas und Stahl hinzu. Libeskind hat auch den Erweiterungsbau für Bildungsprogramme und Forschung gegenüber entworfen.

Die Dauerausstellung zeichnet mit Alltagsobjekten, Dokumenten und Kunstwerken die Geschichte der Juden in Deutschland von den Anfängen in der Römerzeit bis heute nach. Wechselausstellungen widmen sich den unterschiedlichsten Themen deutsch-jüdischen Lebens. Dazu gibt es ein umfangreiches Begleitprogramm. Beliebt sind die Sommerveranstaltungen im Garten. Das **Café Schmus** serviert moderne Kreationen der jüdischen Küche.

Der moderne Bau des Jüdischen Museums wird von Licht- und Sehschlitzen durchbrochen

Kunstgewerbemuseum ➡ E6
Matthäikirchplatz, Tiergarten, S-/U-Bahn: Potsdamer Platz, Bus M48/M85: Kulturforum, 200: Philharmonie
✆ (030) 266 42 42 42, www.smb.museum
Di–Fr 10–18, Sa/So 11–18 Uhr, Eintritt € 8/4, bis 18 J. frei
Streifzug durch die Geschichte des Kunstgewerbes vom Mittelalter bis zur Gegenwart, mit herausragenden Zeugnissen des europäischen Kunsthandwerks und Designs sowie einer reizvoll gestalteten Modegalerie.

Kunsthaus Dahlem ➡ dC4
Käuzchensteig 8, Dahlem
Bus 115: Pücklerstraße

Blick auf Humboldt Forum und Berliner Dom

✆ (030) 83 22 72 58, www.kunsthaus-dahlem.de
Tägl. außer Di 11–17 Uhr
Eintritt € 6/4, Kombiticket mit Brücke-Museum € 8/6
Kunst der deutschen Nachkriegsmoderne (1945–1961) im ehemaligen Staatsatelier von Arno Breker. Im Steinatelier und unter Kiefern serviert das **Café K** Kaffee und Kuchen (€).

Liebermann-Villa am Wannsee
Vgl. S. 191

Märkisches Museum ➡ E9
Am Köllnischen Park 5, Mitte
U2: Märkisches Museum
✆ (030) 24 00 21 62, www.stadtmuseum.de
Tägl. außer Mo 10–18 Uhr
Eintritt € 7/4, bis 18 J. und 1. Mi im Monat frei
Die aktuelle Dauerausstellung »BerlinZEIT« führt mit charakteristischen Objekten, Audioguide und Mitmachstationen in rund einer Stunde kompakt und unterhaltsam durch prägende Ereignisse der Stadtgeschichte.

Mauermuseum – Museum Haus am Checkpoint Charlie ➡ E/F8
Friedrichstr. 43–45, Kreuzberg, U6: Kochstraße
✆ (030) 253 72 50, www.mauer-museum.com
Tägl. 9–22 Uhr
Eintritt € 14,50/9,50, 7–18 J. € 7,50, bis 6 J. frei

Eine Isetta im Mauermuseum am Checkpoint Charlie – neun Menschen glückte in einem solchen Kleinstmobil 1964 nacheinander die Flucht

Raum zum historischen Moment 1948 im Märkischen Museum; in der Mitte die Raucherecke aus dem Amtszimmer von Ernst Reuter

Das übervolle Museum dokumentiert u. a. waghalsige Fluchtversuche.

Museum Berggruen ➡ D1
Schloßstr. 1, Charlottenburg
Bus M45: Luisenplatz/Schloss Charlottenburg
✆ (030) 266 42 42 42, www.smb.museum
Di–Fr 10–18, Sa/So 11–18 Uhr
Eintritt € 12/6, Ticket gilt auch für Sammlung Scharf-Gerstenberg, bis 18 J. frei
Die großartige Sammlung der Klassischen Moderne von Heinz Berggruen (1914–2007), ergänzt durch weitere Leihgaben der Familie, umfasst über 100 Werke von Pablo Picasso, zudem Arbeiten von Paul Klee, Henri Matisse und Alberto Giacometti.

Museum Europäischer Kulturen ➡ dC4
Lansstr. 8, Zehlendorf
U3: Dahlem-Dorf
✆ (030) 266 42 42 42, www.smb.museum
Di–Fr 10–17, Sa/So 11–18 Uhr
Eintritt € 8/4, bis 18 J. frei
Das Museum Europäischer Kulturen beleuchtet Lebenswelten und Kulturkontakte in Europa vom 18. Jh. bis heute.

Direkt am Bahnhof Zoo: das Museum für Fotografie – Helmut Newton Stiftung

Museum für Fotografie – Helmut Newton Stiftung
➡ E4
Jebensstr. 2, Charlottenburg
S-/U-Bahn: Zoologischer Garten
✆ (030) 266 42 42 42, www.smb.museum
Tägl. außer Mo 11–19, Do bis 20 Uhr
Eintritt € 10/5, bis 18. J. frei
Kurz vor seinem Tod 2004 hat der Starfotograf gemeinsam mit den Staatlichen Museen zu Berlin die Pläne für seine Stiftung entwickelt und das ehemalige Landwehrkasino am Bahnhof Zoo zu einem modernen Ausstellungshaus umbauen lassen. In der ersten Etage wird sein Werk in langfristig wechselnden Ausstellungen präsentiert. Seine »Private Properties« sind im Erdgeschoss ausgestellt. Das Museum für Fotografie nutzt den modernisierten Kaisersaal im Obergeschoss für Wechselausstellungen.

Museum für Kommunikation Berlin
Vgl. S. 183.

Museum für Naturkunde
Vgl. S. 183.

Neue Nationalgalerie ➡ E/F6
Potsdamer Str. 50, Tiergarten
S-/U-Bahn, Bus M41/M48/M85/200: Potsdamer Platz
✆ (030) 266 42 42 42
www.smb.museum

Wegen umfassender Sanierung bleibt die 1965–68 von Mies van der Rohe erbaute Glashalle geschlossen. Teile der Sammlung gastieren in anderen Museen.

Im Neuen Museum zu bestaunen: die Büste der Nofretete

2 Neues Museum ➡ D8
Bodestr. 1–3, Mitte
S3/5/7/9: Hackescher Markt, Bus 100/200: Lustgarten
✆ (030) 266 42 42 42, www.smb.museum
Tägl. 10–18, Do bis 20 Uhr, Eintritt € 12/6, bis 18 J. frei
Seit Oktober 2009 hat Berlin ein neues Museum, das eigentlich ein sehr altes ist. Friedrich August Stüler errichtete das Gebäude 1843–1855 als zweites Museum auf der Museumsinsel. Bei Bombenangriffen während des Zweiten Weltkriegs stark beschädigt wurden erst 1985 Notsicherungen vorgenommen. 2003 begann der Wiederaufbau nach Plänen des Architekten David Chipperfield, der die erhaltene Substanz mit modernen Einbauten verband. Das **Ägyptische Museum** und die Papyrussammlung konnten 2009 an ihren ursprünglichen Standort zurückkehren. Außerdem beherbergt das Neue Museum das **Museum für Vor- und Frühgeschichte**, das u. a. die Reproduktionen des Troja-Fundes von Heinrich Schliemann und den Berliner Goldhut zeigt, sowie Teile der Antikensammlung.

PalaisPopulaire ➡ D8
Unter den Linden 5, Mitte
Bus: 100/200/TXL: Staatsoper
✆ (030) 202 09 30, db-palaispopulaire.de

Das PalaisPopulaire verfügt über 750 Quadratmeter Ausstellungsfläche

Blick von der obersten Besucherplattform des Pergamon-Panoramas auf das Theater und die Akropolis

Tägl. außer Di 10–19, Do bis 21 Uhr
Eintritt € 9/6, bis 18 J. und Mo frei
Das Forum für Kunst, Kultur und Sport der Deutschen Bank zeigt wechselnde Ausstellungen aus der eigenen Kunstsammlung und von Gastinstitutionen. Im Haus gibt es das Café/Restaurant **LePopulaire** (tägl. außer Di 9–23, Küche bis 21 Uhr).

2 Pergamonmuseum ➡ D8
Bodestr. 1–3, Mitte, Eingang durch den Kolonnadenhof
S3/5/7/9: Hackescher Markt, Bus 100/200: Lustgarten
✆ (030) 266 42 42 42
www.smb.museum
Tägl. 10–18, Do bis 20 Uhr
Eintritt € 12/6, bis 18 J. frei
Das 1910–30 als letzter Bau auf der Museumsinsel »passend« für den imposanten Pergamonaltar errichtete Museum beherbergt Teile der Antikensammlung (u. a. das Markttor von Milet), das Vorderasiatische Museum mit dem Ischtar-Tor und der Prozessionsstraße von Babylon sowie das Museum für Islamische Kunst mit der Fassade des Wüstenschlosses Mschatta (Jordanien). Wegen Sanierung bleibt der Saal mit dem Pergamonaltar geschlossen.

Pergamonmuseum. Das Panorama ➡ D8
Museumsinsel Berlin, Am Kupfergraben 2, Mitte
U-/S-Bahn: Friedrichstraße

Das Markttor von Milet in der Antikensammlung des Pergamonmuseums

Moderne Kunst im Bunker

Sammlung Boros

Berlin

Beeindruckende Werke – besondere Atmosphäre: In einem umgebauten Bunker, der zu DDR-Zeiten als Bananenlager diente, zeigt der Werbeunternehmer Christian Boros seit 2008 im Wechsel Teile seiner Sammlung aus Skulpturen, Malerei, Fotografie, Video- und Rauminstallationen internationaler Künstler von 1990 bis zur Gegenwart. Hier sind u. a. regelmäßig Arbeiten des dänisch-isländischen Künstlers Olafur Eliasson und von Ai Weiwei aus China zu sehen. Faszinierend ist etwa ein kreisender Ventilator, der von der Decke hängt und im riesigen Raum einsam seine Runden dreht – ein Frühwerk von Eliasson, der mit dem Sammler gut befreundet ist und in Berlin eine Professur an der Universität der Künste innehat. 40 Werke des Künstlers besitzt Boros. Nicht alle lassen sich in dem Hochbunker, auf dessen Dach er mit seiner Familie ein Penthouse bewohnt, zeigen. Zu klein und schmal ist der Eingang, weshalb hier vor allem kleinere oder in Einzelteile zerlegbare Werke zum Zug kommen.

Ein alter Baum aus dem Süden Chinas: die Ai Weiwei-Installation »Tree« (2009/2010) in der Sammlung Boros im ehemaligen Berliner Hochbunker an der Ecke Reinhardtstraße/Albrechtstraße.

Die Atmosphäre hinter den dicken Mauern ohne Tageslicht ist bisweilen etwas bedrückend und gibt den Objekten im Kunstlicht einen ganz eigenen Ausdruck. Im Rahmen von Führungen mit bis zu zwölf Personen kann man sich den Werken nähern, ohne Gefahr zu laufen, sich in den 80 Räumen auf fünf Etagen und mit 3000 Quadratmetern Fläche zu verirren. Zahlreiche der aktuellen Werke arbeiten mit Klängen, sodass man im gesamten Bunker unterschiedliche, sich häufig überlagernde Geräusche wahrnimmt.

Seit 2016 präsentiert die Sammlung ihre dritte Ausstellung mit neu erworbenen, bisher nicht gezeigten Werken.

Info: In Berlin-Mitte gelegen. **Info Sammlung Boros:** Reinhardstr. 20/Ecke Albrechtstraße, 10117 Berlin, Tel. (030) 27 59 40 65, www.sammlung-boros.de, Öffnungszeiten Do–So 10–18 Uhr nur nach Voranmeldung, Eintritt € 15, ermäßigt € 9.

Ischtar-Tor im Pergamonmuseum: Detail eines Löwenreliefs

✆ (030) 266 42 42 42, www.smb.museum/pmp
Tägl. 10–18, Do bis 20 Uhr
Pergamonkombikarte (Pergamonmuseum und Das Panorama) € 19/9,50, bis 18 J. frei
Rund 80 »Meisterwerke der antiken Metropole«, darunter der größte Teil des Telephos-Frieses vom Pergamonaltar, sind in einer zeitgemäßen Präsentation zu sehen. Höhepunkt ist das 360-Grad-Panorama von Yadegar Asisi, das in Dutzenden kleinteiligen Szenen den Alltag in Pergamon im Jahr 129 n. Chr. lebendig werden lässt.

Sammlung Scharf-Gerstenberg ➡ D1
Schloßstr. 70, Charlottenburg
Bus M45: Luisenplatz/Schloss Charlottenburg
✆ (030) 266 42 42 42
www.smb.museum
Di–Fr 10–18, Sa/So 11–18 Uhr, Eintritt € 10/5, gilt auch für Museum Berggruen, bis 18 J. frei
Die Sammlung zeigt über 250 Meisterwerke der Surrealisten und ihrer Vorläufer, von Piranesi, Goya und Redon bis zu Dalí, Magritte, Max Ernst und Dubuffet. An der Südseite des kleinen Platzes vor dem Café befindet sich die **Abgusssammlung Antiker Plastik** (Do–So 14–17 Uhr, Eintritt frei).

The Wall Museum Eastside Gallery ➡ F11
Mühlenstr. 78, Friedrichshain
S-/U-Bahn: Warschauer Straße
✆ 030 94 51 29 00, https://thewallmuseum.com
Tägl. 10–19 Uhr, Eintritt € 12,50/6,50, bis 7 J. frei
Im Mühlenspeicher gibt das private Museum Einblicke in die Geschichte der deutsch-deutschen Teilung.

Zille-Museum ➡ E9
Propststr. 11, Mitte
U2: Klosterstraße
✆ (030) 24 63 25 00, www.zillemuseum-berlin.de
Tägl. 11–18 Uhr, Eintritt € 7/5
Die Dauerausstellung Heinrich Zille – Leben und Werk zeigt originale Zeichnungen, Lithografien und Fotografien des Künstlers (1858–1929), den seine *Milljöh*-Bilder unsterblich machten.

Zitadelle Spandau und Stadtgeschichtliches Museum
Vgl. S. 115

Ein bekanntes Werk im Zille-Museum: Berlinerinnen, schwarze und farbige Kreiden, Aquarell

Architektur und andere Sehenswürdigkeiten

Akademie der Künste
– Pariser Platz 4, Mitte ➡ E7
S-/U-Bahn, Bus 100/TXL: Brandenburger Tor
✆ (030) 200 57 10 00, www.adk.de
Tägl. 10–20 Uhr
Ausstellungen tägl. außer Mo 11–19 Uhr, Eintritt € 5/3, bis 18 J. frei
– Hanseatenweg 10, Tiergarten ➡ D5
S3/5/7/9: Bellevue, U9: Hansaplatz
Tägl. 10–20 Uhr
Zwei Häuser, eine Einrichtung. Der transparente Neubau am Pariser Platz hat die Ruine des ursprünglichen Gebäudes integriert. Im Tiergarten entfaltet der 1960er-Jahre-Bau einen eigenen Charme. In beiden Häusern gibt es vielfältige Ausstellungen und Veranstaltungen; beide verfügen über einen Buchladen und ein Café.

Am Alexanderplatz: Sieben Sekunden freier Fall aus 125 Metern Höhe

Alexanderplatz ➡ D9
Mitte, S-/U-Bahn: Alexanderplatz
Der »Ochsenplatz«, 1805 anlässlich des Besuchs des Zaren Alexander I. umbenannt, entwickelte sich ab 1882 zu einem Verkehrsknotenpunkt und geschäftigen Zentrum. Ende der 1920er Jahre modernisiert blieben von den damaligen Umbauten nur die Bürohäuser (Alexander- und Berolina-Haus) von Peter Behrens erhalten. Zur DDR-Umgestaltung gehören v. a. der Brunnen der Völkerfreundschaft, die Weltzeituhr und die westlichen Hochhausblöcke. An der Südostseite fallen das renovierte »Haus des Lehrers« mit einem umlaufenden Bildfries und der flache Kuppelbau der Kongresshalle (heute bcc-berlin congress center) aus den 1960er Jahren auf. Auf dem Platz finden häufig Themenmärkte statt. Vom Dach des Park Inn Hotels können sich Mutige mit dem **Base Flyer** 125 m sicher in die Tiefe stürzen (www.base-flying.de).

Alte Bibliothek ➡ E8
Bebelplatz, Mitte, U6: Französische Straße
✆ (030) 90 20 55 55
Die geschwungenen barocken Formen brachten dem 1780 fertiggestellten Bau den Namen »Kommode« ein. Heute ist er Teil der Humboldt-Universität (Juristische Fakultät). Daneben befand sich das Alte Palais,

Juristische Fakultät am Bebelplatz

1834–36 von Carl Ferdinand Langhans erbaut; die Fassade Unter den Linden wurde 1962 rekonstruiert.

Berliner Dom ➡ D8
Am Lustgarten 1, Mitte
S-Bahn, Bus 100: Hackescher Markt
✆ (030) 20 26 91 36
www.berlinerdom.de
Tägl. 9–20, Okt.–März nur bis 19 Uhr, Eintritt € 7/5
Kaiser Wilhelm II. ließ den schlichten »Schinkel-Dom« abreißen und den neobarocken Monumentalbau errichten (1894–1905). Der Wiederaufbau nach der Kriegszerstörung begann erst 1975 und dauerte fast 20 Jahre. Sehenswert: große Sauer-Orgel, Kaiserempore, Hohenzollerngruft, die Kuppel mit ihren restaurierten Mosaikbildern und vom Kuppelumgang (270 Stufen Aufstieg) die Aussicht.

Berliner Mauer
Vgl. S. 119.

Botanischer Garten
Vgl. S. 180.

4 Brandenburger Tor ➡ E7
Pariser Platz, Mitte
S-/U-Bahn, Bus 100/TXL: Brandenburger Tor
Das 1791 von Carl Gotthard Langhans nach dem Vorbild der Propyläen von Athen fertiggestellte Tor ist ein Wahr-

Die Kathedrale des Kaisers

Berliner Dom

Berlin

Seine Majestät hatte Großes im Sinn: Wenn der junge Wilhelm II., König von Preußen und Deutscher Kaiser, von seinem Berliner Stadtschloss zum Dom am Lustgarten hinüberschaute, fiel sein Blick auf eine eher schlichte Kirche, die Karl Friedrich Schinkel zu Beginn des 19. Jahrhunderts im schmucklos-strengen Stil des Klassizismus hatte errichten lassen. Und ein solch bescheidener Bau passte nicht zu einem nach Weltgeltung strebenden Kaiserreich in der Mitte Europas, fand der Monarch. Also ließ er den Schinkel-Dom kurzerhand abreißen. Auf kaiserliches Geheiß entstand zwischen 1894 und 1905 stattdessen ein deutlich imposanteres Gotteshaus an derselben Stelle, das im Hinblick auf Wirkung und Größe mit den wichtigsten Kathedralen Europas mithalten sollte.

Der Berliner Dom am Lustgarten.

Der Berliner Dom gilt bis heute als eines der Hauptwerke des wilhelminischen Historismus und präsentiert sich entsprechend prunkvoll, üppig und von beeindruckenden Ausmaßen. Mit einer Grundfläche von 73 mal 93 Metern und einer Höhe von 98 Metern ist er der größte Kirchenbau Berlins und einer der größten in Deutschland. In der Fassade und in der äußerst prächtigen Innenausstattung mischen sich Stilelemente der Neorenaissance und des Neobarock.

Besonders beeindruckend ist die 70 Meter hohe Kuppel, deren berühmte Mosaiken von dem Historienmaler Anton von Werner entworfen wurden. Doch auch viele Skulpturen, Reliefs, Gemälde und Buntglasfenster schmücken den Kirchenraum, der bis heute für Zeremonien und Staatsakte genutzt wird. In der Gruft unterhalb der Kirche liegen zahlreiche Mitglieder des Hauses Hohenzollern begraben, darunter etliche Kurfürsten und Könige in prunkvollen Sarkophagen. Zwar trug der Dom im Zweiten Weltkrieg zahlreiche Schäden davon, doch konnte die ursprüngliche Gestalt im Laufe der Jahre fast vollständig wiederhergestellt werden.

Das Berliner Stadtschloss, von dem aus Kaiser Wilhelm zuerst Schinkels alten und dann seinen eigenen neuen Dom betrachten konnte, wurde dagegen zu DDR-Zeiten abgerissen. Der neu entstandene Rekonstruktionsbau beherbergt das Humboldt Forum, in dem ab 2020 verschiedene Museen und kulturelle Einrichtungen eröffnen.

Info: In Berlin-Mitte gelegen. **Info Berliner Dom:** Am Lustgarten, 10178 Berlin, Tel. (030) 20 26 91 36, www.berlinerdom.de, Öffnungszeiten tägl. April–Sept. 9–20, Okt.–März 9–19 Uhr, Eintritt € 7, ermäßigt € 5, Kinder frei.

Symbol der deutschen Teilung und Vereinigung

Brandenburger Tor und Unter den Linden

Berlin

Das Brandenburger Tor, das einzige noch erhaltene Stadttor des historischen Berlin, ist das unumstrittene Wahrzeichen der deutschen Hauptstadt. Bis zum Jahre 1989 ein Symbol für ihre Teilung, ist es heute ein bedeutendes Symbol der Wiedervereinigung nicht nur Berlins, sondern ganz Deutschlands. Auch wegen seiner zentralen Lage zwischen Potsdamer Platz, Reichstagsgebäude und dem Prachtboulevard Unter den Linden, dessen westlichen Abschluss es bildet, ist das Bauwerk eine der beliebtesten Sehenswürdigkeiten der Stadt.

Das nach Plänen von Carl Gotthard Langhans in den Jahren 1788 bis 1791 errichtete Tor mit seinen fünf Durchfahrten von je elf Metern Tiefe ist den Propyläen auf der Athener Akropolis nachempfunden. Beidseitig sind sechs kannelierte Säulen vorgestellt. 1794 kam die von der geflügelten Siegesgöttin Viktoria gelenkte Quadriga, ein Werk des Bildhauers Johann Gottfried Schadow, als Krönung hinzu. Im Zweiten Weltkrieg stark beschädigt wurde das Brandenburger Tor samt Quadriga in den 1950er Jahren wiederhergestellt, wobei übrigens Behörden und Betriebe aus beiden Teilen der Stadt zusammenarbeiteten.

Symbol der Teilung und Vereinigung des Landes: das Brandenburger Tor am Pariser Platz in Berlin-Mitte.

Nachdem es nach dem Bau der Berliner Mauer fast 30 Jahre lang unzugänglich mitten im Sperrgebiet gestanden hatte, wurde es am 22. Dezember 1989 wieder geöffnet – Bundeskanzler Kohl (West) und Ministerpräsident Modrow (Ost) wohnten zusammen mit Zehntausenden Bürgern diesem historischen Moment bei. Ein paar Jahre später war das Tor dann erneut gesperrt – doch dieses Mal nur aufgrund dringend erforderlicher Restaurierungsarbeiten. Pünktlich zum Tag der Deutschen Einheit am 3. Oktober 2002 wurde das frisch sanierte Brandenburger Tor dann feierlich enthüllt und man darf seither wieder hindurch – wenn auch nur zu Fuß.

In unmittelbarer Nähe dieses wichtigen Monuments beginnt die Straße Unter den Linden. Ursprünglich als Reitweg angelegt und im 17. Jahrhundert zur Allee erweitert, entwickelte sich diese rund anderthalb Kilometer lange Achse nach und nach zur Flaniermeile und schließlich zur eleganten Prachtstraße im Herzen Berlins. Repräsentative Bauten wie die Humboldt-Universität, die Staatsoper, die Neue Wache und das Deutsche Historische Museum säumen beide Seiten dieses breiten Boulevards, dessen östliches Ende der Schlossplatz bildet.

Info: In Berlin-Mitte gelegen.

zeichen Berlins und Symbol der Einheit. Karl Friedrich Schinkel machte 1814 die von Johann Gottfried Schadow als Friedensgöttin gestaltete Wagenlenkerin der Quadriga (1793) durch Einfügen des Preußischen Adlers und des Eisernen Kreuzes zur Siegesgöttin. Bei der Neugießung 1958 wurden die preußischen Symbole entfernt, bei der Restaurierung 1991 wieder eingefügt.

Der originalgetreue Nachbau der Kontrollbaracke am Checkpoint Charlie zählt zu den bekanntesten Sehenswürdigkeiten Berlins

Checkpoint Charlie ➡ E/F8
Friedrichstr. 43–45, Kreuzberg
U6: Kochstraße
Jederzeit zugänglich
Black Box
Tägl. 10–18 Uhr, Eintritt € 5/3,50, bis 14 J. frei
asisi Panorama DIE MAUER
www.asisi.de, tägl. 10–18 Uhr, Eintritt € 10/4 (6–16 J.)
Großformatige Fotos auf Galeriewänden am Straßenrand sowie eine Ausstellung mit Originalobjekten, Medienstationen und Dokumenten in der Black Box informieren über die Bedeutung des ehemaligen Grenzübergangs und zeichnen die weltpolitischen Zusammenhänge im Kalten Krieg nach. Yadegar Asisis monumentales Panorama DIE MAUER vermittelt ein eindringliches Bild von der Normalität in der geteilten Stadt.

East Side Gallery ➡ F11
Mühlenstr., Friedrichshain
S3/5/7/9: Ostbahnhof
www.eastsidegallery-berlin.com
Das mit 1300 m längste erhaltene Mauerstück in Berlin, 1990 von 118 Künstlern aus 21 Ländern mit 105 Bildern zu den Themen Frieden und Freiheit bemalt, steht unter Denkmalschutz.

Im Stil des Rokoko erbaut: das Ephraim-Palais

Ephraim-Palais ➡ E9
Poststr. 16, Mitte
U2: Klosterstraße
✆ (030) 24 00 21 62, www.stadtmuseum.de
Di, Do–So 10–18, Mi 12–20 Uhr
Eintritt € 7/5, bis 18 J. frei
Das 1761–65 für den Hofjuwelier und Bankier Veitel Heine Ephraim gestaltete Gebäude galt als das schönste Berliner Privathaus. Es beherbergt heute Ausstellungen des Stadtmuseums.

»Sie wollten nur die Freiheit«

Checkpoint Charlie

Berlin

Jeder Berliner, der in Mauerzeiten in der Stadt gelebt hat, wird sich an den Checkpoint Charlie erinnern. Er war einer der bekanntesten Grenzübergänge und verband in der Friedrichstraße den amerikanischen mit dem sowjetischen Sektor und damit den Westberliner Bezirk Kreuzberg mit dem Ostberliner Bezirk Mitte.

Um den Checkpoint Charlie ranken sich zahlreiche Legenden und hochspannende Agentengeschichten, doch die dramatischsten Ereignisse geschahen am 27. Oktober 1961, einige Monate nach dem Mauerbau, unter den Augen zahlreicher Zuschauer: Zu beiden Seiten der Grenze gingen sowjetische und US-amerikanische Panzer gefechtsbereit in Stellung. Doch die bedrohliche Situation beruhigte sich wieder und fortan war der Checkpoint Charlie die einzige Grenzübergangsstelle für Alliierte, Ausländer, Mitarbeiter der Ständigen Vertretung der BRD in der DDR und DDR-Funktionäre. Für die Amerikaner war es wichtig, dass hier ein Checkpoint, also ein Kontrollpunkt, war, während er für die DDR eine Grenzübergangsstelle darstellte. Da der Westen aber nie die völkerrechtliche Legitimität der Berliner Sektorengrenze als Staatsgrenze anerkannt hat, durfte es für ihn auch keine Grenzübergangsstelle geben. Eine der dramatischsten Fluchten mit tödlichem Ausgang ereignete sich in unmittelbarer Nähe des Checkpoint Charlie. Am 17. August 1962 versuchte der 18-jährige Peter Fechter mit einem Arbeitskollegen die Mauer zu überklettern. Seinem Kollegen gelang die Flucht, während Peter Fechter, von mehreren Schüssen getroffen, im Todesstreifen um Hilfe rufend liegen blieb. Weder die DDR-Grenzsoldaten noch die amerikanischen Soldaten kümmerten sich um ihn, Fechter verblutete und starb nach einer Stunde unter den Augen einer großen Menschenmenge.

Originalgetreuer Nachbau der Kontrollbaracke am Checkpoint Charlie in Berlin-Mitte.

Noch vor der Wiedervereinigung wurde der Checkpoint am 22. Juni 1990 abgebaut. Zehn Jahre später entstand ein Nachbau des ersten Kontrollhäuschens. Im Mauermuseum – Museum Haus am Checkpoint Charlie wird die Geschichte der Teilung der Stadt dokumentiert sowie über gelungene und missglückte Fluchten aus der DDR berichtet.

Seit Sommer 2006 ist überdies an Friedrich-, Zimmer- und Schützenstraße eine Freiluftausstellung eingerichtet, die über den Checkpoint und seine Bedeutung, über Fluchten und Fluchtversuche sowie allgemein über die Berliner Mauer informiert.

Info: In Berlin-Kreuzberg gelegen. **Info Checkpoint Charlie:** Friedrichstr. 43–45, 10969 Berlin, Tel. (030) 253 72 50, www.mauer-museum.com, Öffnungszeiten tägl. 9–22 Uhr, Eintritt € 14,50, Studenten € 9,50, Schüler (7–18 J.) € 7,50.

Eine Mauer für die Kunst

East Side Gallery

Berlin

Sie ist die größte Open-Air-Galerie der Welt – die East Side Gallery auf der ehemaligen Hinterlandmauer zwischen Berliner Ostbahnhof und Oberbaumbrücke. Als sich am Abend des 9. November 1989 in Berlin die Schlagbäume öffneten, bedeutete dies den Anfang vom Ende der deutschen Teilung – und damit auch das Ende der Berliner Mauer. In den folgenden Monaten wurde sie nach und nach abgetragen, allerdings nicht komplett: In der Bernauer Straße im Bezirk Mitte blieb im Rahmen der Gedenkstätte Berliner Mauer ein Teilstück als Mahnmal erhalten. Was die heutige East Side Gallery betrifft, so ergriffen Anfang 1990 die Künstlerverbände von BRD und DDR die Initiative: Mit dem Segen des DDR-Ministerrats bemalten 118 Künstler aus 21 Ländern das Mauerstück am Spreeufer über mehrere Monate mit über 100 Einzelbildern.

Auf einer Länge von über 1300 Metern schufen sie auf diese Weise das erste gesamtdeutsche Kunstprojekt nach dem Ende des Kalten Kriegs. Anders als in der Bernauer Straße geht es hier nicht ums Mahnen und Gedenken, sondern um das Anbrechen einer neuen friedlichen Zeit, einer bunten und vielfältigen Zukunft, kurz: um das symbolische Überwinden von Mauern aller Art mit den Mitteln der Kunst. Im September 1990 waren sämtliche Bilder fertig und die East Side Gallery entwickelte sich zu einem beliebten Ausflugsziel sowohl für Berlin-Besucher als auch für die Bewohner der Hauptstadt. Denn wo sonst bekommt man so viele Werke zeitgenössischer Künstler unter freiem Himmel zu sehen? Und so durchweg positive dazu: Auf diesem Stück ehemaliger Grenzbefestigung geht es fast ausschließlich um Frieden und Freiheit, um Einheit und Freude. Hier wird das Brandenburger Tor von weißen Tauben in die Lüfte getragen, hier durchbricht ein Trabbi die Berliner Mauer, hier öffnet sich der Grenzwall und gibt den Blick frei auf Sonne und Mond zugleich. Eines der bekanntesten Werke ist sicherlich der berühmte »Bruderkuss« von Dmitri Wrubel – das Bild zeigt Leonid Breschnew und Erich Honecker in küssender Umarmung. Die East Side Gallery ist ein universeller Ausdruck der Hoffnung und der Lebenslust. Sie ist aber auch ein Denkmal für die Zeit des Umbruchs um 1990, als so vieles möglich schien.

Die größte Open-Air-Galerie der Welt: die East Side Gallery.

Info: In Berlin-Friedrichshain gelegen. **Info East Side Gallery:** Mühlenstr. 3–100, 10243 Berlin, Tel. (030) 251 71 59, www.eastsidegallery-berlin.com.

Der Größte im ganzen Land

Fernsehturm

Berlin

Mit Superlativen soll man vorsichtig sein, doch dieser hier ist amtlich: Mit einer Gesamthöhe von 368 Metern ist der im Oktober 1969 nach vierjähriger Bauzeit eröffnete »Fernmeldeturm 32« am Alexanderplatz das höchste Gebäude Deutschlands. Und nicht nur das: Der schlanke Betonturm mit der markanten Kugel ist eines der wichtigsten Wahrzeichen Berlins und gehört zu den zehn meistbesuchten Sehenswürdigkeiten der Republik. Dass eine technische Konstruktion, die vor allem dazu diente, den flächendeckenden Empfang des DDR-Fernsehens zu gewährleisten, sich zu einem solchen Publikumsmagneten entwickeln würde, hätten die verantwortlichen Bauherren und Ingenieure wohl kaum für möglich gehalten. Auch wenn der Fernsehturm mit seiner eleganten Silhouette von Anfang an nicht nur ein Prestigeobjekt der DDR-Führung, sondern auch ein Liebling der Bevölkerung war. Nur 40 Sekunden braucht der Aufzug bis zur Aussichtsplattform in 203 Metern Höhe und schon schweift der Blick bis zu 60 Kilometer weit über das gesamte Stadtgebiet bis ins Berliner Umland – eine bessere Aussicht hat man nirgendwo sonst in der Hauptstadt.

Jeder kennt ihn: der Fernsehturm am Alex.

Vier Meter über der Plattform befindet sich das Restaurant, das sich – je nach technischer Einstellung – in 30 Minuten oder in einer Stunde einmal um die eigene Achse dreht. Plattform und Restaurant befinden sich in der Turmkugel, deren Fassade aus über 1000 kleinen Pyramidenelementen aus silbrig-grauem Stahl gebildet wird. Der technisch-futuristische Eindruck ist gewollt: Die 1960er Jahre waren das Zeitalter der Weltraumfaszination und der Wettlauf zum Mond war in vollem Gange. Kein Wunder also, dass der Kugelaufsatz des Berliner Fernsehturms an den sowjetischen Sputnik erinnert, jenen kugelrunden, silbrig glänzenden Satelliten, der 1957 als erster künstlicher Himmelskörper 92 Tage lang um die Erde kreiste. Insgesamt umfasst die Kugel im Berliner Fernsehturm sieben Etagen, von denen zwei für Besucher zugänglich sind. Von hier oben lässt sich die Welt aus der Vogelperspektive betrachten – und Deutschlands größte Stadt liegt einem winzig klein zu Füßen.

Info: In Berlin-Mitte gelegen. **Info Berliner Fernsehturm:** Panoramastr. 1 A, 10178 Berlin, Tel. (030) 247 57 58 75, www.tv-turm.de, Öffnungszeiten tägl. März–Okt. 9–24, Nov.–Feb. 10–24 Uhr, Eintritt Erwachsene ab € 16,50, Kinder € 9,50, bis 3 J. frei.

1 Fernsehturm ➡ D9
Alexanderplatz, Mitte, S-/U-Bahn: Alexanderplatz
✆ (030) 247 57 58 75, www.tv-turm.de
Tägl. März–Okt. 9–24, Nov.–Feb. 10–24 Uhr
Eintritt ab € 16,50/9,50 (4–14 J.), Premium-Ticket (ohne Anstehen, online buchbar) ab € 21,50/12
1965–69 nach einem Entwurf von Hermann Henselmann (Architekt der Karl-Marx-Allee) erbaut. 368 m hoch, Panoramaetage mit Infotafeln (203 m), Drehrestaurant Sphere (207 m; 30 bzw. 60 Min. pro Umdrehung); 40 km Fernsicht bei klarem Wetter. Zum Vergleich: Der **Funkturm** ➡ bB2 (1924–26) auf dem Messegelände ist 150 m hoch.

Französischer Dom am Gendarmenmarkt

3 Gendarmenmarkt ➡ E8
Mitte, U2/6: Stadtmitte
Der schönste Platz Berlins erhielt seinen Namen nach dem Regiment Gens d'Armes, das hier 1736–73 seine Wache und Ställe hatte. 1821 eröffnete am Platz Schinkels Schauspielhaus; dessen Wiederaufbau (1967–84) ist heute das Konzerthaus Berlin (vgl. S. 158).

Die **Friedrichstadtkirche** wurde für die zugezogenen Glaubensflüchtlinge aus Frankreich erbaut (1701–05). Die Kuppel – besser bekannt als **Französischer Dom** – kam 1780–85 hinzu. Im Erdgeschoss befindet sich das **Hugenottenmuseum** (Wiedereröffnung nach Sanierung 2019/20, www.hugenottenmuseum-berlin.de).

Auf der Südseite des Platzes ist im **Deutschen Dom** eine Ausstellung zur Geschichte der Demokratie in Deutschland zu sehen (www.bundestag.de/deutscherdom).

Eingang zum Museum Blindenwerkstatt Otto Weidt

Hackesche Höfe ➡ D8
Rosenthaler Str. 40/41, Mitte, S3/5/7/9: Hackescher Markt
Restaurants, Kino, Theater und Varieté beleben die mit Jugendstilelementen prächtig restaurierten Höfe bis spät in die Nacht.

Im Hof der Rosenthaler Straße 39 dokumentiert das nicht restaurierte Haus Schwarzenberg mit dem **Museum Blindenwerkstatt Otto Weidt** (www.museum-blindenwerkstatt.de, tägl. 10–20 Uhr, Eintritt frei) und dem **Anne Frank Zentrum** (www.annefrank.de, tägl. außer Mo 10–18 Uhr, Eintritt € 6/3,50) Themen des Nationalsozialismus. Otto Weidt beschäftigte und versteckte in seiner Blindenwerkstatt jüdische Arbeiter, die dadurch den Holocaust überlebten.

Ein klassizistisches Ensemble

Gendarmenmarkt

Berlin

Seinen heutigen Namen verdankt der Gendarmenmarkt einem Kürassierregiment, *gens d'armes,* das im 18. Jahrhundert hier seine Wachen und Ställe hatte. Davor war er als Lindenmarkt, Friedrichstädter Markt und Neuer Markt bekannt. Die Bebauung mit dem Ensemble aus Deutschem (Südseite) und Französischem Dom (Nordseite) sowie dem von Karl Friedrich Schinkel entworfenen Schauspielhaus macht den Gendarmenmarkt zu einem der schönsten Plätze Berlins, wenn nicht Europas.

Weihnachtsmarkt auf dem Gendarmenmarkt.

Der Deutsche Dom wurde – wie der gesamte Gendarmenmarkt – im Zweiten Weltkrieg weitgehend zerstört, erst 1996 konnte er nach umfangreicher Sanierung wiedereröffnet werden. Eine Kirche ist das Gebäude aber längst nicht mehr: Im Innenraum ist seit 2002 die Ausstellung des Deutschen Bundestags »Wege, Irrwege, Umwege. Die Entwicklung der parlamentarischen Demokratie in Deutschland« zu sehen.

Wie der Deutsche wurde auch der Französische Dom Anfang des 18. Jahrhunderts errichtet, genauer gesagt: die Französische Friedrichstadtkirche, das Gebäude neben dem Kuppelturm; dieser selbst kam erst rund 80 Jahre später hinzu, zusammen mit dem des Deutschen Doms. Der Kircheninnenraum ist sehr schlicht – schließlich handelt es sich um eine reformierte Kirche!– und wird wegen der hervorragenden Akustik auch gern für Konzerte genutzt. Wer zur Aussichtsplattform des Kuppelturms hinaufsteigt, genießt einen schönen Blick über die Stadt, und wer mehr über die Hugenotten erfahren möchte, für die die Französische Friedrichstadtkirche einst gebaut wurde, geht ins Hugenottenmuseum, das seit 1935 im Turm untergebracht ist.

Wegen seiner ionischen Säulenhalle und der Freitreppe gilt das nach Plänen von Schinkel 1818 bis 1821 erbaute Schauspielhaus zwischen den beiden Domen als Meisterwerk der klassizistischen Architektur. Erst 1979 wurde nach den Zerstörungen des Zweiten Weltkriegs mit der Rekonstruktion begonnen, dabei wurde das Äußere originalgetreu wiederhergestellt, das Innere aber deutlich verändert. Seit der Wiedereröffnung 1984 wird der Bau als Konzerthaus genutzt.

Info Gendarmenmarkt: In Berlin-Mitte gelegen. **Info Deutscher Dom:** Gendarmenmarkt 2, 10117 Berlin, Tel. (030) 22 73 04 31, Öffnungszeiten Di–So 10–18, Mai–Sept. bis 19 Uhr, Eintritt frei. **Info Französischer Dom:** Gendarmenmarkt 5, 10117 Berlin, Tel. (030) 229 17 60, www.franzoesischer-dom.de, Öffnungszeiten tägl. April–Okt. 10–19, Nov.–März 10.30–18.30 Uhr, Eintritt frei, Aussichtsplattform bis 2019 geschl. **Info Hugenottenmuseum:** Im Französischen Dom, Öffnungszeiten Di–Sa 12–17, So 11–17 Uhr, Eintritt € 4, ermäßigt € 2. **Info Konzerthaus:** Gendarmenmarkt, 10117 Berlin, Tel. (030) 203 09 23 33, www.konzerthaus.de, Besucherservice Mo–Sa 12–19, So/Fei 12–16 Uhr, Führungen Sa 13 Uhr, Eintritt € 3.

Munteres Gemüt

Hackesche Höfe

Berlin

Wer gedacht hat, Wohnen und Arbeiten, Kultur und Kommerz passen nicht zusammen, den belehren die Hackeschen Höfe in Berlin eines Besseren. Acht Höfe, etwa 9200 Quadratmeter Wohn- und Gewerbefläche, mit Jugendstilelementen geschmückte Fassaden, ein Kino, jede Menge Geschäfte und Restaurants, Bars und Kneipen, Theater und Architektenbüros und dazwischen extravagante Wohnungen und sogar einige Lofts machen die Hackeschen Höfe heute wieder zu dem, als was sie zu Beginn des letzten Jahrhunderts gedacht waren: eine bunte Mischung aus Wohnen, Arbeiten und Vergnügen.

Zwischen 1906 und 1907 vom Bauunternehmer Kurt Berndt und dem Architekten August Endell erbaut, waren die Hackeschen Höfe in ihrer Konzeption einmalig. In einer Zeit, in der die Stadt mit ihren zwei Millionen Einwohnern überquoll und Tuberkulose als Berliner Krankheit galt, schufen sie eine durch die Reformbewegung beeinflusste Wohn- und Gewerbeanlage, begrünten die Höfe und statteten die Wohnungen mit Zentralheizungen, Innentoiletten und Bädern aus – damals höchst ungewöhnlich!

1945 durch Bombeneinschläge zum Teil erheblich zerstört, in der Folgezeit enteignet und vernachlässigt, blühte das Leben in den Hackeschen Höfen erst wieder nach der Wende und vor allem nach den aufwendigen Sanierungsarbeiten in den 1990er Jahren auf. Rings um die Höfe und vor allem in der Oranienburger Straße ist ein beliebtes Ausgehviertel mit zahlreichen Restaurants aus aller Herren Länder, Kneipen, Diskotheken, einem Szenekino und kleinen Galerien entstanden.

Einen Besuch lohnt auch der Ampelmann Shop im fünften Hof – nur einer der mittlerweile zehn florierenden Ampelmann Shops in Berlin. Für alle, die es nicht wissen: Das ostdeutsche Ampelmännchen feierte 2011 seinen 50. Geburtstag. Heute ziert es im Zuge der Ostalgie-Welle zahlreiche T-Shirts, Tassen und allerlei mehr und ist inzwischen eine bekannte Berliner Marke.

Info: In Berlin-Mitte gelegen. **Info Hackesche Höfe:** Rosenthaler Str. 40–41 und Sophienstr. 6, 10178 Berlin, www.hackesche-hoefe.com. **Info Ampelmann Shop:** Hackesche Höfe, Hof 5, Rosenthaler Str. 40–41, 10178 Berlin, Tel. (030) 44 72 64 38, www.ampelmann.de, Öffnungszeiten Mo–Sa 9.30–20, So 13–18 Uhr.

Die Hackeschen Höfe an der Rosenthaler Straße in Berlin-Mitte.

Von den Anlegestellen am Haus der Kulturen (rechts) starten verschiedene Schiffstouren

Haus der Kulturen der Welt ➡ D6
John-Foster-Dulles-Allee 10, Tiergarten
U55 , Bus 100: Bundestag
✆ (030) 39 78 71 75, www.hkw.de
Tägl. 10–19 Uhr, Ausstellungen tägl. außer Di 11–19 Uhr, bei Abendveranstaltungen länger
Als Geschenk der Amerikaner an Berlin wurde die Kongresshalle 1957 eingeweiht. Die geschwungene Dachkonstruktion aus Beton stürzte 1980 ein. Zur 750-Jahr-Feier Berlins (1987) wieder aufgebaut präsentiert das Haus heute internationale zeitgenössische Künste (Bildende Kunst, Musik, Literatur, Performance, Film, digitale Medien) und versteht sich als Forum für aktuelle Debatten und gesellschaftliche Entwicklungen. Im Sommer Veranstaltungen auch auf der Dachterrasse und am Spreeufer.

Holzmarkt ➡ E10
Holzmarktstr. 25, Friedrichshain
S3/5/7/9: Ostbahnhof
www.holzmarkt.com
Wo einst die legendäre Bar 25 das Partyvolk anlockte, entstand (und entsteht weiter) ein Ort zum Wohnen und Arbeiten, mit Kultur- und Kreativ-Park, für Musik und Kunst, zum Abhängen in der **Pampa** an der Spree, zum Essenfassen auf dem Marktplatz oder Fine Dining im Restaurant **Kater Schmaus** (www.katerschmaus.de).

Kreativort an der Berliner Spree: der Holzmarkt

Humboldt Forum ➡ D8
Schlossplatz, Unter den Linden 3, Mitte
S3/5/7/9 Hackescher Markt, Bus 100/200: Lustgarten
www.humboldtforum.com
»Ein Schloss für Berlin, ein Forum für die Welt«: Der Neubau nach einem Entwurf von Franco Stella zeigt sein

modernes Gesicht an der Spreeseite und in der Innengestaltung. Für die drei Stadtseiten und im Schlüterhof wurden die Fassaden des Berliner Schlosses rekonstruiert. Sammlungen mit Objekten aus Asien, Afrika und Amerika, eine Ausstellung über Berlin und die Welt, Veranstaltungen und Gastronomie werden ab 2020 nach und nach das Haus füllen und zu einem lebhaften Treffpunkt machen.

Kaiser-Wilhelm-Gedächtniskirche ➡ F4
Breitscheidplatz, Charlottenburg
S-/U-Bahn: Zoologischer Garten
www.gedaechtniskirche-berlin.de
Neue Kirche tägl. 9–19 Uhr, Gedenkhalle Mo–Fr 10–18, Sa 10–17.30, So 12–17.30 Uhr, kostenlose Führungen tägl. 12.15–15.15 Uhr stdl., Abendmusiken Sa 18 Uhr, Gottesdienste So 10 und 18 Uhr, Konzerte vgl. Website
Die Kirche wurde von Kaiser Wilhelm II. 1891 zum Gedenken an seinen Großvater Kaiser Wilhelm I. in Auftrag gegeben, im neoromanischen Stil erbaut und überreich ausgestattet. Im Krieg stark beschädigt blieben nur die Eingangshalle (Gedenkhalle) mit eindrucksvollen Mosaiken und der Turm erhalten. Um die Kriegsruine, die zum West-Berliner Mahn- und Wahrzeichen wurde, errichtete Egon Eiermann 1959–1961 einen markanten Neubaukomplex.

Chorprobe in der Kaiser-Wilhelm-Gedächtniskirche

Mahnmal gegen Krieg und Zerstörung

Kaiser-Wilhelm-Gedächtniskirche und Ku'damm

Berlin

Die Kaiser-Wilhelm-Gedächtniskirche wurde zu Ehren von Kaiser Wilhelm I. errichtet, doch der Zweite Weltkrieg, der sie als Ruine zurückließ, ließ sie zu einem Mahnmal für Frieden und Versöhnung werden. Der neoromanische Kirchenbau entstand zwischen 1891 und 1895 nach Plänen von Franz Schwechten im ornamentalen Stil des Wilhelminismus.

Am 23. November 1943 wurden große Teile des Gotteshauses bei einem Bombenangriff zerstört und nur der Westturm blieb wie ein hohler Zahn stehen. In der Folgezeit wurde er zu einem Symbol für die Schrecken des Kriegs und zu einem der bekanntesten Wahrzeichen der Stadt. 1956 sollte die Ruine abgerissen und durch einen Neubau ersetzt werden, doch die Planer hatten nicht mit dem leidenschaftlichen Protest der Berliner gerechnet, die sich vehement für den Erhalt des symbolträchtigen Bauwerks einsetzten. Mit Erfolg: Drei Jahre später wurde ein Neubau begonnen, der die Turmruine miteinbezog. Der Entwurf des Architekten Egon Eiermann, der die neue Gedächtniskirche später zu seinen wichtigsten Bauwerken zählte, umfasst einen achteckigen Kirchenraum, einen sechseckigen Glockenturm und eine kleine rechteckige Kapelle. Mittendrin erhebt sich der durch die Bomben skelettierte Turm der alten Gedächtniskirche. Die drei neuen Gebäude bestehen aus wabenförmigen Betonelementen, in die rund 33000 Glasbausteine eingelassen sind. Vor allem im Innern des Kirchenraums erzeugen sie ein intensives, geradezu meditatives blaues Licht. In der Ruine befindet sich eine Gedenkhalle zur Mahnung gegen Krieg und Zerstörung.

Ein Mahnmal gegen den Krieg: die Ruine der Kaiser-Wilhelm-Gedächtniskirche.

Das gesamte Ensemble befindet sich an einer der prominentesten Stellen der City West: Zu Füßen der Kirche liegt der Breitscheidplatz mit dem Weltkugelbrunnen und in unmittelbarer Nähe beginnt der Kurfürstendamm, von den Berlinern kurz »Ku'damm« genannt. Diese rund dreieinhalb Kilometer lange Flaniermeile ist die Lebensader des westlichen Stadtzentrums und bei Einheimischen und Besuchern gleichermaßen beliebt. Hier befinden sich Kinos und Theater, Geschäfte und Lokale, darunter auch das berühmte Café Kranzler.

Info: In Berlin-Charlottenburg gelegen. **Info Kaiser-Wilhelm-Gedächtniskirche:** Breitscheidplatz, 10789 Berlin, Tel. (030) 218 50 23, www.gedaechtniskirche-berlin.de, Öffnungszeiten Kirche tägl. 9–19, Gedenkhalle Mo–Fr 10–18, Sa 10–17.30, So 12–17.30 Uhr, Eintritt frei.

Heimstatt der Berliner Philharmonie am Kulturforum Potsdamer Platz

KulturBrauerei ➡ A9
Schönhauser Allee 36–39, Prenzlauer Berg, Eingang Knaackstr.
U2, Tram M10: Eberswalder Straße
✆ (030) 44 35 21 70, www.kulturbrauerei.de
Theater, Kinos, Restaurants, Musikclubs, Partys, Kneipen, Biergarten und ein Museum zum Alltag in der DDR auf dem Gelände der ehemaligen Schultheiss-Brauerei. Flohmarkt (sonntags). Außerdem: »tic – Information und Tickets« im Maschinenhaus gibt Auskunft über Prenzlauer Berg und aktuelle Veranstaltungen und verkauft Tickets (tägl. ab 12 Uhr).

Kulturforum Potsdamer Platz ➡ E/F6
Matthäikirchplatz, Tiergarten
S-/U-Bahn, Bus M41/M48/M85/200: Potsdamer Platz
www.smb.museum
www.nationalgalerie20.de
Zum Ensemble rund um die St. Matthäuskirche (19. Jh.), kultureller Anziehungspunkt nahe dem Potsdamer Platz, gehören die Museumsbauten für die **Gemäldegalerie** (Hilmer & Sattler, 1998), das **Kunstgewerbemuseum** (Rolf Gutbrod, 1978–85), Ludwig Mies van der Rohes **Neue Nationalgalerie** sowie die von Hans Scharoun in den 1950er Jahren geplanten Gebäude **Staatsbibliothek, Philharmonie, Kammermusiksaal** und **Musikinstrumenten-Museum**. 2020 soll mit dem Bau des Museums des 20. Jahrhunderts begonnen werden.

Die Karaoke-Show im Mauerpark ist längst Kult

Mauerpark ➡ A/B8/9
Gleimstr. 55
U8: Bernauer Straße, U2: Eberswalder Straße
✆ (030) 60 98 00 18, www.mauerpark.info
Das Freizeitgelände mit Spiel-, Sport- und Picknickwiesen auf dem ehemaligen Todesstreifen zwischen Wedding und Prenzlauer Berg ist besonders sonntags beliebt. Ein Flohmarkt findet statt, Gaukler, Künstler und Musiker treten auf und beim Karaoke im »Bärenzwinger«-Amphitheater darf jeder sein Können zeigen.

Neue Synagoge/Centrum Judaicum ➡ D8
Oranienburger Str. 28–30, Mitte
S-Bahn: Oranienburger Straße
✆ (030) 880 28-316, www.cjudaicum.de
Tägl. außer Sa 10–18, April–Sept. So bis 19, Okt.–März Fr nur bis 15 Uhr, Eintritt € 7/4,50
1866 nach einem Entwurf von E. Knoblauch von F. A. Stüler im maurischen Stil gebaut. 1958 wurde das durch Bomben schwer beschädigte Innere gesprengt, nur die Fassade blieb erhalten. Noch vor 1989 begann der teilweise Wiederaufbau, 1995 wurde in alten und neuen Räumen das **Centrum Judaicum** (Kulturzentrum und Ausstellungen) eröffnet.

Die Nikolaikirche ist die älteste Kirche Berlins

Nikolaikirche – Stadtmuseum Berlin ➡ D/E9
Nikolaikirchplatz, Mitte
U2: Klosterstraße
✆ (030) 240 02-162, www.stadtmuseum.de
Tägl. 10–18 Uhr
Eintritt € 5/3, bis 18 J. und 1. Mi im Monat frei
Der Feldsteinunterbau stammt aus dem Jahr 1230, das gotische Kirchenschiff aus dem 15. Jh., die Türme wur-

Im Stadtmuseum Berlin: Mittelalterlicher Pestarzt (Rekonstruktion)

Oberbaumbrücke

den im 19. Jh. errichtet. 1981–87 wurde die während des Kriegs zerstörte Kirche wieder aufgebaut und 2010 umfassend saniert. Die Dauerausstellung beleuchtet 800 Jahre Berliner Nikolaikirche »Vom Stadtgrund bis zur Doppelspitze« und begibt sich auf »Spurensuche« zur frühen Berliner Stadtgeschichte.

Oberbaumbrücke ➡ F11
Am Oberbaum, Friedrichshain
U1: Schlesisches Tor
Die Brücke über die Spree, 1896 eröffnet, wurde 1945 auf Befehl Hitlers gesprengt. Nach dem Krieg repariert wurde sie nach dem Mauerbau 1961 gesperrt und diente ab 1972 als Grenzübergang für Fußgänger. Seit 1995 fahren wieder Autos und die Hochbahn über die Brücke, die Kreuzberg und Friedrichshain verbindet. Tolles Panorama, besonders schön bei Sonnenuntergang.

Oberbaum City und Südufer der Spree ➡ F/G12
Friedrichshain
S-/U-Bahn: Warschauer Straße

Friedhöfe

Auf den Friedhöfen findet man nicht nur Ruhe, sondern auch Einsichten in die Kulturgeschichte, denn viele Berühmtheiten, die in Berlin gelebt, gearbeitet, geforscht haben, sind auch hier begraben.

In Schöneberg etwa liegen die Gebrüder Grimm und der Mediziner Rudolf Virchow auf dem **Alten St.-Matthäus-Kirchhof** ➡ G6, auf dem **Friedhof Schöneberg III** ➡ J3 kann man Marlene Dietrich und Helmut Newton besuchen. Besonders hoch ist die »Promidichte« auf dem **Dorotheenstädtischen Friedhof** ➡ C7 in Mitte. Hier ruhen u. a. Bert Brecht, Helene Weigel, Georg Wilhelm Friedrich Hegel, Johann Gottlieb Fichte, Karl Friedrich Schinkel, Heinrich Mann, Heiner Müller, Bernhard Minetti, Herbert Marcuse, Johannes Rau, Christa Wolf und Otto Sander.

Grabskulptur für Thomas Brasch von Alexander Polzin auf dem Dorotheenstädtischen Friedhof

Mit einer Fläche von über 40 Hektar und 115 000 Gräbern ist der 1880 eingeweihte **Jüdische Friedhof Weißensee** ➡ A/B12/13 (www.jg-berlin.org) der größte noch bestehende jüdische Friedhof Europas. Ein Rondell mit einem Stein in der Mitte erinnert an die 6 Millionen Opfer der nationalsozialistischen Verfolgung. Zu den Berliner Persönlichkeiten, die hier beigesetzt sind, gehören der Politiker Max Hirsch, der Maler Lesser Ury sowie die Verleger Samuel Fischer und Rudolf Mosse.

Am Nordufer der Spree wurde ein ehemaliges Eierkühlhaus zum Bürokomplex »Spree-Speicher« umgebaut. Daneben logiert der Musikproduzent Universal. Nördlich davon, auf dem Gelände einer ehemaligen Glühlampenfabrik, liegt das Büro- und Geschäftsquartier Oberbaum City. Am Südufer, vor dem Hochhaus der Allianz Versicherungs AG, dem **Treptower**, steht die monumentale Skulptur **Molecule Man** (30 m) des US-amerikanischen Künstlers Jonathan Borofsky in der Spree. Nahebei (Eichenstraße) befindet sich die **Arena**, ein Kulturzentrum mit Konzerthalle, Clubs und **Badeschiff**.

Die 30 m hohe Skulptur »Molecule Man« von J. Borofsky ragt weithin sichtbar aus der Spree

Olympiastadion ➡ dC3
Olympischer Platz 3, Charlottenburg
S-/U-Bahn: Olympiastadion
✆ (030) 25 00 23 22, www.olympiastadion-berlin.de
Tägl. April–Okt. 9–19, Aug. bis 20, Nov.–März 10–16 Uhr, Eintritt € 8/5,50, mit Führung € 11/8
Rund um das Stadion, für die Olympischen Spiele 1936 erbaut, wurde ein Geschichtspfad angelegt; 45 Tafeln informieren über die Geschichte des ehemaligen »Reichssportfelds« sowie über die Bauten und Kunstwerke aus der Frühzeit des Nationalsozialismus. Zum weitläufigen Olympiapark gehören auch Schwimm-, Hockey- und Reiterstadion, das Maifeld mit Glockenturm (Aussichtsturm und Museum, www.glockenturm.de), die Waldbühne sowie das Deutsche Sportforum.

Park am Gleisdreieck ➡ F/G6/7
Eingänge u. a.: Schöneberger Ufer, Tiergarten; Luckenwalder Str., Kreuzberg, U1/2: Gleisdreieck, U7, S1/2/25: Yorckstraße
Stadtwildnis, Rasenflächen, Wäldchen, Liegewiesen, Ruhezonen, Spielplätze, Sportflächen, Spazierwege, »Rennstrecken« für Skater und Radfahrer, Naturerlebnisräume und Urban Gardening: Für jeden ist etwas dabei im großen Park zwischen Kreuzberg und Schöneberg. Mittendrin: das Deutsche Technikmuseum Berlin und die Brauerei mit Biergarten und Restaurant BRLO Brwhouse.

7 Potsdamer Platz ➡ E/F6/7
Tiergarten, S-/U-Bahn: Potsdamer Platz
Aus der »größten Baustelle Europas« in den 1990er Jahren wurde ein neuer Stadtteil in der Mitte Berlins. Den

Von Licht durchflutet: das Sony Center am Potsdamer Platz

Masterplan schuf der italienische Stararchitekt Renzo Piano. Das Quartier Potsdamer Platz besteht aus zehn Straßen, einem Straßentunnel, einem Bahnhof, einer U-Bahn-Station (Mendelssohn-Bartholdy-Platz) und dem einladenden **Marlene-Dietrich-Platz**. 19 Gebäude beherbergen u. a. Wohnungen, Büros, Läden, Bars, Cafés und Restaurants, das Theater am Potsdamer Platz/ Berlinale-Palast, die Spielbank Berlin, das Luxushotel Grand Hyatt, das Kino-Center CinemaxX, das Theater der Blue Man Group sowie das Einkaufszentrum **Potsdamer Platz Arkaden** mit einer der besten Eisdielen der Stadt.

Das **Sony Center** jenseits der Potsdamer Straße trägt die kühne Handschrift von Helmut Jahn aus Chicago. Unter dem schwebenden Zeltdach haben sich u. a. Restaurants, der Sony Store, das Kino **Cinestar IMAX** und das **Museum für Film und Fernsehen** eingerichtet. Das Café Josty im großen Atrium hat Teile des ehemaligen Hotels Esplanade integriert, der legendäre Kaisersaal wird gern für gesellschaftliche Ereignisse genutzt.

Nordöstlich, am Lenné-Dreieck, schließt sich das **Beisheim Center** mit fünf Gebäuden an, die sich an der amerikanischen Architektur der 1930er Jahre orientieren. Die beiden 5-Sterne-Hotels, Ritz Carlton Berlin und Marriott-Hotel, unterscheiden sich innen mehr als außen: Das Ritz Carlton setzt auf gediegene Eleganz mit Kronleuchtern und Freitreppe, das Marriott gibt sich avantgardistisch, u. a. mit einer Lichtinstallation im 35 m hohen Atrium und der Catwalk Bar, die der Modedesigner Michael Michalsky entworfen hat.

Berlins Neue Mitte

Potsdamer Platz

Berlin

Kein Berliner Bauprojekt stand so im Rampenlicht wie der Potsdamer Platz. Der kühne Plan, aus dem Nichts ein Stadtzentrum zu erschaffen, war nach zehn Jahren Bauzeit vollendet: Jetzt hat Berlin eine Neue Mitte! In den 1990er Jahren mutierte das Areal zur größten Baustelle Europas. Von einem als Info-Box gekennzeichneten Aussichtscontainer konnten Einheimische und Touristen den Fortschritt der Arbeiten beobachten. Heute lassen die Neubauten die Stadt in der Stadt hell erstrahlen.

Nirgendwo sonst in der Welt können 2500 Tonnen Stahl und Glas schöner funkeln als über dem vom Stararchitekten Helmut Jahn geplanten Sony Center. Das fußballfeldgroße Dach scheint federleicht über den Köpfen der Besucher zu schweben. Das ovale, nach oben spitz zulaufende Zelt wurde stabilisiert wie ein Regenschirm.

In dem halbrunden Glasturm (103 m) residiert die Deutsche Bahn AG. Im Souterrain ist ein Regionalbahnhof entstanden. Der frühere Potsdamer Platz nimmt nur einen kleinen Teil des gesamten Areals ein. Von dieser Stelle aus betritt man das anschließende Viertel wie durch ein Stadttor. Mit der Mischung aus Restaurants, Einkaufsmöglichkeiten, Theatern und Kinos sowie der gewagten neuen Architektur wurde das Gebiet zum Publikumsmagneten.

An der Potsdamer Straße hat sich das Filmmuseum eingerichtet, die Vergangenheit des Platzes wurde in einem gläsernen Sarg konserviert, aus Bruchstücken des 1908 erbauten Hotel Esplanade wurde das Café Josty zusammengefügt.

In dem mit roten Klinkern verkleideten Kollhoff-Tower befindet sich der schnellste Fahrstuhl Europas, der zu einer Panoramaplattform mit atemberaubendem Ausblick führt. Am nördlichen Rand des weitläufigen Platzes ist mit dem Ritz-Carlton ein Nobelhotel im Chicagoer Stil des Art déco entstanden.

Mittelpunkt des Quartiers ist der im Westen gelegene Marlene-Dietrich-Platz, an dem u. a. das Theater am Potsdamer Platz (ein Musicaltheater), das BlueMax Theater (Heimat der Blue Man Group) sowie die Spielbank Berlin Potsdamer Platz zu finden sind. Zur 60. Berlinale im Jahr 2010 wurde der Grundstein gelegt für den »Boulevard der Stars«; Persönlichkeiten der deutschsprachigen Film- und Fernsehbranche werden hier mit einem Stern geehrt.

Info Potsdamer Platz: 10785 Berlin, www.potsdamer-platz.net.

Ein Ensemble aus Hochhäusern und futuristischen Neubauten: der Potsdamer Platz.

Das Kollhoff-Hochhaus wurde nach dem Architekten Hans Kollhoff benannt

Als Solitär zwischen den Baukomplexen ragt das **Kollhoff-Hochhaus,** ein Klinkerbau aus roten und braunen Sichtziegeln, 101 m in den Himmel – großartige Rundumsicht von der Aussichtsplattform mit Café **Panoramapunkt Berlin**, zu der man mit dem »schnellsten Aufzug Europas« gelangt (✆ 030-25 93 70 80, www.panoramapunkt.de, tägl. 10–20, im Winter bis 18 Uhr, Eintritt € 7,50/6, Familienticket € 17,50).

Am östlich angrenzenden **Leipziger Platz** hat mit der Mall of Berlin eines der größten Shoppingcenter der Stadt eröffnet.

5 Reichstag ➡ D7

Platz der Republik 1, Tiergarten, U55: Bundestag, S-/U-Bahn, Bus 100/TXL: Brandenburger Tor
www.bundestag.de
Anmeldung für festen Termin unter https://visite.bundestag.de, per Fax (030) 22 73 64 36 oder Post (Deutscher Bundestag, Besucherdienst, Platz der Republik 1, 11011 Berlin), Anmeldung im Besucherzentrum vor Ort (nahe Berlin-Pavillon) bei freien Kapazitäten ebenfalls möglich (mit Wartezeit)
Kuppel tägl. 8–24, letzter Einlass 21.45 Uhr

Das Parlamentsgebäude des Deutschen Reichs wurde 1884–94 nach Plänen von Paul Wallot erbaut. Der »Reichstagsbrand« 1933 zerstörte u. a. die Kuppel sowie den Plenarsaal. Beim Einzug der Roten Armee hissten Soldaten auf dem Dach die rote Fahne; 1957–72 wurde das Gebäude rekonstruiert, 1995 in einer spektakulären Aktion von Christo und Jeanne-Claude verhüllt und 1996–99 für den Deutschen Bundestag umgebaut.

»Dem Deutschen Volke«: Das Parlamentsgebäude des Deutschen Reichs wurde in den 1990er Jahren für den Deutschen Bundestag umgebaut

»Dem Deutschen Volke«

REICHSTAG

Berlin

Wer sich den Berliner Reichstag von innen und die Stadt von oben anschauen möchte, muss sich wegen erhöhter Sicherheitsmaßnahmen vorher anmelden. Vor allem die vom britischen Architekten Sir Norman Foster entworfene Glaskuppel, die das Gebäude krönt, zieht die Besucher an. Und natürlich der Blick über die Stadt: Man genießt einen großzügigen Rundumblick auf Regierungsviertel und Potsdamer Platz und bei guter Sicht noch viel weiter.

Der Sitz des Deutschen Bundestags ist aber nicht nur Besuchermagnet, er spiegelt die Turbulenzen der deutschen Geschichte wider. 1884 bis 1894 wird der Reichstag nach Plänen von Paul Wallot als repräsentatives Parlamentsgebäude errichtet. Nach anfänglichem Widerstand lässt Kaiser Wilhelm II. 1916 die Inschrift »Dem Deutschen Volke« über dem Giebel anbringen. Zwei Jahre später ruft der sozialdemokratische Abgeordnete Philipp Scheidemann von einem Fenster des Reichstags die Republik aus. Bei einem Brand in der Nacht zum 28. Februar 1933 werden Teile des Gebäudes zerstört. Die Umstände werden nie geklärt, doch den Nationalsozialisten dient der Reichstagsbrand als Vorwand zur Verfolgung politischer Gegner. Am Ende des Zweiten Weltkriegs hissen sowjetische Soldaten als Symbol der deutschen Niederlage ihre Fahne auf der Ruine. In den 1960er und 1970er Jahren wird der Reichstag ohne Kuppel wiederaufgebaut, fristet aber, in Westberlin direkt an der Mauer gelegen, ein Schattendasein.

Nach der Wiedervereinigung findet am 4. Oktober 1990 im Reichstag die erste Sitzung des gesamtdeutschen Parlaments statt. Vor dem großen Umbau kann das Künstlerpaar Christo und Jeanne-Claude 1995 eines seiner Lieblingsprojekte verwirklichen: die Verhüllung des Reichstags. Das gesamte Gebäude wird für einige Wochen in mehr als 100 000 Quadratmeter silbriger Polypropylenfolie verpackt. Danach beginnt die Totalsanierung zum modernen Parlamentsgebäude mit einer 23 Meter hohen Glaskuppel, am 19. April 1999 schließlich wird der neue Reichstag eingeweiht.

Das Parlaments- und Regierungsviertel mit der nächtlich illuminierten Reichstagskuppel.

INFO: In Berlin-Mitte gelegen. **INFO REICHSTAG:** Platz der Republik 1, 11011 Berlin, Tel. (030) 227-321 52 oder -359 08, www.bundestag.de. Führungen im Reichstagsgebäude und Besuch der Kuppel nur nach vorheriger Anmeldung – online, per Fax oder Brief: Deutscher Bundestag, Besucherdienst, Platz der Republik 1, 11011 Berlin, Fax (030) 22 73 64 36, http://visite.bundestag.de. Mit einem Vorlauf von nur zwei Stunden kann man sich bei der Außenstelle des Besucherdienstes (nahe Berlin-Pavillon) anmelden – freie Kapazitäten vorausgesetzt, zudem Führungen privater Anbieter im Reichstag. Öffnungszeiten tägl. 8–24, letzter Einlass 21.45 Uhr. **INFO DACHGARTEN-RESTAURANT:** Öffnungszeiten tägl. 9–17 und 19–24 Uhr, nur mit Reservierung: Tel. (030) 226 29 90, Ausweisdokument mit Lichtbild erforderlich.

Der Sitz des Bundespräsidenten: Schloss Bellevue

Aus der gläsernen Kuppel (23,5 m hoch, 40 m breit), von Sir Norman Foster entworfen, genießt man herrliche Aussichten über die Stadt. Einsichten gibt es in den Plenarsaal, die Flure sind Stell- und Hängefläche für zeitgenössische Kunst. Restaurant auf der Dachterrasse (mit Reservierung, vgl. Essen und Trinken).

Schloss Bellevue ➡ D5
Spreeweg 1, Tiergarten, S-Bahn: Bellevue
1785 erbaut, früher Schloss des Prinzen Ferdinand von Preußen, heute Amtssitz des Bundespräsidenten und nicht zu besichtigen. Wenn die Standarte auf dem Dach weht, befindet sich der Präsident in Berlin. Einmal im Jahr lädt der Bundespräsident zu einem Tag der offenen Tür in Schloss und Garten ein.

9 Schloss Charlottenburg ➡ D1
Spandauer Damm 10–22, Charlottenburg
Bus M45/109/309: Schloss Charlottenburg
✆ (03 31) 969 42 00, www.spsg.de
Tägl. außer Mo 10–17.30, Nov.–März nur bis 16.30 Uhr, Eintritt Altes Schloss € 12/8, Neuer Flügel € 10/7, Tagesticket Schloss, Neuer Pavillon, Belvedere, Mausoleum € 17/13
Das Lustschloss Sophie Charlottes, Gattin des Kurfürsten Friedrich III. (König Friedrich I.), 1695 von J. A. Nering erbaut, wurde von den bedeutendsten Baumeistern erweitert und umgebaut. Knobelsdorff schuf den Neuen Flügel für Friedrich II., 1791 kam der westlich angrenzende Theaterbau von C. G. Langhans hinzu, der auch das Belvedere im Schlosspark baute. Schinkel entwarf das Mausoleum für Königin Luise (1776–1810) sowie den Neuen Pavillon. Nach schweren Kriegszerstörungen wurde das Schloss ab 1946 wieder aufgebaut.

Zu besichtigen sind u. a. königliche Wohnräume, Festsäle, Schlosskapelle, Porzellankabinett sowie

Schloss Charlottenburg

Berlin

Sophie Charlotte von Braunschweig-Hannover, die Gemahlin des brandenburgischen Kurfürsten Friedrich III., feierte hier rauschende Feste und machte das Schloss zum kulturellen Mittelpunkt des Landes. Nach ihrem Tod 1705 erhielt das Schloss sogar ihren Namen: Fortan hieß die Lietzenburg Schloss Charlottenburg – und tut es bis heute.

1695 bis 1699 als Sommerresidenz geplant und von noch recht bescheidenen Ausmaßen, wurde dieser Bau – nach dem Vorbild von Versailles – im Lauf der folgenden 100 Jahre immer wieder erweitert, bis schließlich die Front eine Länge von rund einem halben Kilometer erreicht hatte.

Bei Luftangriffen im Zweiten Weltkrieg wurde das Schloss schwer beschädigt; so ist es wenig verwunderlich, dass kaum eine der Deckenkonstruktionen noch im Original erhalten ist und auch viele der antiken Möbel und wertvollen Gemälde für immer verloren sind. Und auch Andreas Schlüters imposantes bronzenes Reiterdenkmal des Großen Kurfürsten Friedrich Wilhelm, das heute vor dem Schloss steht, hat eine bewegte Vergangenheit hinter sich: Um es vor weiteren Bombenangriffen während des Kriegs zu schützen, sollte es evakuiert werden, versank allerdings bei den Rettungsarbeiten im Tegeler Hafen – der Lastkahn war überladen. Erst sechs Jahre später konnte es geborgen werden.

Aufgrund der An- und Umbaumaßnahmen im Lauf der letzten 300 Jahre gliedert sich das Schloss heute in eine Reihe von unterschiedlichen Abschnitten. Der im Gelb der Hohenzollern gehaltene Mitteltrakt ist der älteste Teil des Schlosses, die Orangerie und die Seitentrakte kamen nach der Krönung des Kurfürsten zum König hinzu, der östliche Neue Flügel wurde 1740 bis 1746 unter Friedrich II. errichtet.

Blick auf Schloss Charlottenburg vom Spandauer Damm aus über den Ehrenhof zur barocken Dreiflügelanlage.

Eine wahre Oase der Ruhe inmitten der Stadt ist der weitläufige Schlosspark, der ab 1697 von Siméon Godeau als erster deutscher Garten im französischen Stil angelegt wurde – sehr streng und sehr geometrisch, mit Wasserbecken und Rasenbahnen wie in Versailles. Im Lauf der Zeit änderte sich die Mode und der Park wurde im englischen Stil umgebaut und aufgelockert.

Info: In Berlin-Charlottenburg gelegen. **Info Schloss Charlottenburg:** Spandauer Damm 10–22, 14059 Berlin, Tel. (03 31) 96 94-200, www.spsg.de, Öffnungszeiten Schloss Di–So April–Okt. 10–17.30, Nov.–März 10–16.30 Uhr, Garten tägl. 8 Uhr bis Einbruch der Dunkelheit, Eintritt Altes Schloss € 12, ermäßigt € 8, Neuer Flügel € 10, ermäßigt € 7, Garten Eintritt frei.

Eingang zum Park Glienicke

Kronschatz und Silberkammer. Die Ausstattung repräsentiert höfische Kulturgeschichte vom Barock bis ins frühe 20. Jh. Zu den Kunstschätzen gehört die größte Sammlung französischer Malerei des 18. Jh. außerhalb Frankreichs.

Der Schlossgarten mit seinem restaurierten Barockparterre lädt zum Flanieren ein. Im Ehrenhof hat das Reiterstandbild von Andreas Schlüter »Der große Kurfürst« einen würdigen Platz.

Schloss Schönhausen ➡ db4
Tschaikowskistr. 1, Pankow
S2/8/9, U2 bis Pankow, weiter mit Bus 150/250, Tram M1
✆ (0331) 969 42 00, www.spsg.de
April–Okt. tägl. außer Mo 10–17.30, Nov.–März Sa/So/Fei 10–16 Uhr, Eintritt € 6/5
Das Haus lädt ein zu einem Streifzug durch 300 Jahre preußische und deutsche Geschichte: Im 18. Jh. verbrachte Elisabeth Christine, Gemahlin Friedrichs des Großen, hier die Sommermonate. Die Nationalsozialisten nutzen die Räume als Depot für »Entartete Kunst«. In der DDR residierten hier zunächst der Präsident, später DDR-Staatsgäste. Schließlich wurden hier 1990 beim Außenministertreffen der »Zwei-plus-Vier-Gespräche« die Weichen zur Wiedervereinigung gestellt.

Das Schloss zeigt im Erdgeschoss Kunstwerke und persönliche Gegenstände aus dem Besitz Elisabeth Christines. Im Obergeschoss vermittelt die Originalausstattung der Räume einen authentischen Eindruck davon, wie sich die DDR-Führung nach außen inszenierte. Ein Juwel der friderizianischen Baukunst ist der original erhaltene Rokoko-Festsaal im Obergeschoss.

Schloss und Park Glienicke ➡ dD3
Königstr. 36, Wannsee
S1/7: Wannsee, dann Bus 316
✆ (0331) 969 42 00, www.spsg.de
Garten tägl. 8 Uhr bis zum Einbruch der Dunkelheit, Schloss April–Okt. tägl. außer Mo 10–17.30, Nov./Dez., März Sa/So 10–16 Uhr, Jan./Feb. geschl., Eintritt € 6/5
Die Schlossanlage (Kavalierflügel, Kasino, Klosterhof) wurde ab 1824 von Schinkel und Schülern für Prinz Carl von Preußen im Stil der Romantik unter Einbeziehung eines Vorgängerbaus errichtet; die weitläufige **Park-**

Bella Italia in Germania!

Schloss Glienicke und Park

Berlin

Für die Schönheit des Schlosses hatte der US-amerikanische Pilot Captain Powers keine Augen, er war froh, als er als erster Spion 1962 auf der Glienicker Brücke gegen einen Agenten der UdSSR ausgetauscht wurde.

Dabei hätte er nur leicht nach links schauen müssen, um das im italienischen Stil errichtete Jagdschloss Glienicke zu entdecken.

Prinz Carl von Preußen wollte mit diesem Schloss keine Frau gewinnen und keine Grenze sichern. Er war von einer Italienreise derart begeistert und fasziniert, dass er ein Stück seines Lieblingslandes auch zu Hause um sich haben wollte. Kurzerhand ließ er Schloss Glienicke von Karl Friedrich Schinkel so umbauen, dass es auch nach Rom oder Mailand gepasst hätte.

Wer den Park, gestaltet von dem Gartenarchitekten Peter Joseph Lenné, bis zum Schloss durchschritten hat, der wird empfangen von der Löwenfontäne, einem einer Anlage aus der Villa Medici in Rom nachempfundenen Brunnen. Dahinter öffnet sich das Schloss in seiner ganzen klassizistischen Schönheit. Schinkel und Lenné haben es geschafft, Park und Schloss zu einer Einheit zu komponieren, und dabei den Wünschen ihres Auftraggebers nach Flair und Ambiente Italiens entsprochen. Die Fassade gestaltete Schinkel so um, dass er die verspielten barocken Elemente durch die klare und gradlinige Formensprache des Klassizismus ersetzte. Er machte aus dem ehemaligen Landhaus ein Schloss.

Heute wird das Schloss als Museum genutzt. Ein Teil davon befasst sich mit dem Leben des Prinzenpaars Carl von Preußen und seiner Frau Marie. Ihre Räume, die von Karl Friedrich Schinkel nicht nur entworfen, sondern auch eingerichtet wurden, vermitteln einen Eindruck vom Leben des Hochadels im 19. Jahrhundert. Der zweite Teil des Schlossmuseums ist den unbekannten Hofgärtnern gewidmet. Die fantastische Parkanlage ist zwar der Planung des Genies Lenné zu verdanken, aber ohne das Können und das Engagement der zahlreichen Hofgärtner hätten diese Pläne nie realisiert werden können. Wer danach noch genial speisen möchte, der sollte dem Restaurant in der Remise einen Besuch abstatten – ein wahrhaft krönender Abschluss für den Besuch eines königlichen Schlosses.

Info: In Berlin-Wannsee, an der Grenze zu Potsdam gelegen. **Info Schloss Glienicke:** Königsstr. 36, 14109 Berlin, Tel. 03 31-96 94-200, www.spsg.de, Öffnungszeiten April–Okt. tägl. außer Mo 10–17.30, sonst nur Sa/So 10–16 Uhr, Jan./Feb. ganz geschl., Eintritt € 6, ermäßigt € 5. **Info Schloss Glienicke Restaurant Remise:** Tel. (030) 805-40 00, www.schloss-glienicke.de, Öffnungszeiten tägl. außer Mo 12–21 Uhr.

Schloss Glienicke – der steingewordene preußische Traum von Arkadien.

St.-Hedwigs-Kathedrale in Berlin-Mitte

anlage mit gestalteten Durchblicken auf die Potsdamer Schlösser und Gärten stammt von Peter Joseph Lenné. Im Schloss sind fürstliche Wohnräume und das **Hofgärtnermuseum Glienicke** zu besichtigen. Jedes Wochenende finden Kammerkonzerte statt.

St.-Hedwigs-Kathedrale ➡ E8
Hinter der Katholischen Kirche 3, Bebelplatz, Mitte
U6: Französische Straße
Wegen Sanierung geschl.
Kathedrale des katholischen Bistums Berlin. Friedrich der Große demonstrierte seine Toleranz in Glaubensfragen, indem er die Kirche für die katholische Gemeinde 1747–73 an exponierter Stelle errichten ließ.

Über dem Sockel mit dem Säulenumgang erhebt sich die Siegessäule, gekrönt wird sie von der Siegesgöttin Viktoria (oben)

Siegessäule ➡ E5
Großer Stern, Tiergarten
U9: Hansaplatz, Bus 100/106/187: Großer Stern
April–Okt. Mo–Fr 9.30–18.30, Sa/So 9.30–19, Nov.–März tägl. 9.30–17.30 Uhr, Eintritt € 3/2,50
Das Denkmal, gekrönt von der vergoldeten Siegesgöttin Viktoria, »Goldelse« genannt, erinnert an drei Siege der Preußen in den Kriegen gegen die Dänen (1864), gegen Österreich (1866) sowie gegen Frankreich (1870/71). 285 Stufen führen auf die Aussichtsplattform mit herrlicher Rundumsicht über den Tiergarten.

Tränenpalast ➡ D7
Reichstagufer 17, Mitte, S-/U-Bahn: Friedrichstraße
✆ (030) 467 77 79 11, www.hdg.de/berlin
Di–Fr 9–19, Sa/So 10–18 Uhr, Eintritt frei
Tränen flossen reichlich an der Grenzübergangsstelle für die Ausreise von Ost nach West am Bahnhof Friedrichstraße. Am historischen Ort erzählt die stän-

dige Ausstellung »GrenzErfahrungen« vom Alltag der deutschen Teilung.

Zitadelle Spandau und Stadtgeschichtliches Museum
➡ aA2
Am Juliusturm 64, Spandau, U7: Zitadelle
✆ (030) 35 49 44-0, www.zitadelle-spandau.de
Tägl. 10–17 Uhr, Eintritt inkl. Freigelände, Stadtgeschichtlichem Museum, Juliusturm, Ausstellungen € 4,50/2,50, Familienkarte € 10
Die **Festung** entstand 1560–94 zum Schutz von Berlin. Heute ist die Zitadelle ein beliebtes Ausflugsziel in die frühe Berliner Geschichte. Im Zeughaus dokumentiert das **Stadtgeschichtliche Museum** Spandauer Ereignisse und Errungenschaften. Im Proviantmagazin zeigt die Dauerausstellung »Enthüllt« politische Denkmäler, die einst das Berliner Stadtbild prägten und später daraus verschwunden sind. Die Gewölbe sind eines der größten europäischen Quartiere für überwinternde Fledermäuse. In der Saison werden Fledermausführungen angeboten. Außerdem: Theater für Kinder, Konzerte, Freiluftfeste, das Citadel Music Festival sowie Sommertheater auf der **Freilichtbühne** an der Zitadelle. Das Restaurant **Zitadellenwirtschaft** entführt kulinarisch ins Mittelalter (https://zitadellen-wirtschaft.de).

Zoologischer Garten
Vgl. S. 187.

Zitadelle Spandau: das Kommandantenhaus mit dem Juliusturm im Hintergrund

Betonelemente des von Peter Eisenman entworfenen Stelenfelds

Gedenkstätten

6 Denkmal für die ermordeten Juden Europas (Holocaust-Mahnmal) ➡ E7
Ebertstr./Behrenstr.
Ort der Information: Cora-Berliner-Str. 1, Mitte
S-/U-Bahn, Bus 100/TXL: Brandenburger Tor
✆ (030) 263 94 30, www.stiftung-denkmal.de
Denkmal jederzeit zugänglich, Ort der Information tägl. außer Mo 10–20, Okt.–März nur bis 19 Uhr, Eintritt frei
Das großflächige **Stelenfeld** aus 2711 grauen Betonelementen nach dem Entwurf des New Yorker Architekten Peter Eisenman will zur individuellen Auseinandersetzung mit dem Ausmaß des Holocaust anregen. Der unterirdisch gelegene **»Ort der Information«** erinnert durch die Darstellung exemplarischer Familiengeschichten an die Opfer und stellt die Orte der Vernichtung vor.

Denkmal für die im Nationalsozialismus ermordeten Sinti und Roma Europas ➡ D7
Zwischen Brandenburger Tor und Reichstag
S-/U-Bahn, Bus 100/TXL: Brandenburger Tor
Der israelische Künstler Dani Karavan gestaltete ein Wasserbecken als Spiegel der Erinnerung.

Erinnerungsstätte Notaufnahmelager Marienfelde ➡ dC/dD4
Marienfelder Allee 66–80
Tempelhof, S2: Marienfelde
✆ (030) 75 00 84 00, www.notaufnahmelager-berlin.de
Tägl. außer Mo 10–18 Uhr, Eintritt frei
Erste Anlaufstelle für Flüchtlinge der DDR im Westen (1953–90), Dauer- und Sonderausstellungen.

10 Gedenkstätte Berliner Mauer ➡ B/C7/8
Bernauer Str. 111, Mitte, S-Bahn: Nordbahnhof
✆ (030) 467 98 66 66
www.berliner-mauer-gedenkstaette.de
Besucherzentrum tägl. außer Mo 10–18 Uhr, Ausstellung im Areal tägl. 8–22 Uhr, Eintritt frei
Die Gedenkstätte umfasst ein Besucherzentrum, das Dokumentationszentrum Berliner Mauer mit der multimedialen Dauerausstellung »1961|1989. Die Berliner Mauer«, das »Denkmal zur Erinnerung an die geteilte

Zukunft braucht Erinnerung

Holocaust-Mahnmal

Berlin

Ein riesiges Feld mit Betonquadern, Sarkophagen ähnlich, nur 500 Meter vom Deutschen Reichstag entfernt. Sie stehen aufrecht, im Regen sind dicke, abperlende Tropfen auf ihren Oberseiten zu sehen. Mancherorts ist nur ein matter Umriss auf dem Boden markiert, wie bei den Grabplatten im Boden zahlreicher mittelalterlicher Kirchen.

Eine Stele, senkrecht freistehend als Scheibe oder Pfeiler, konnte in den steinzeitlichen und antiken Kulturen ein Grabdenkmal, ein Zeichen des Kults oder nur ein Grenzstein sein. Schon weil das Holocaust-Mahnmal den ermordeten Juden Europas gewidmet ist, lassen die Stelen an diesem Ort an ein Gräberfeld denken, ihre graue Farbe an die Asche der verbrannten Opfer. Aber gleichzeitig sind die 2711 Betonquader abstrakte Zeichen, jeder einzelne wie das Feld als Ganzes ein minimalistisches Kunstwerk.

Denkmal für die ermordeten Juden Europas im Zentrum Berlins.

Im August 1988, als die Mauer noch stand und auf dem jetzigen Denkmalgelände Grenzsoldaten der DDR in ihren Wachtürmen saßen, forderte die Publizistin Lea Rosh erstmals ein Mahnmal für die ermordeten Juden im Land der Täter. Nichts blieb in den folgenden 17 Jahren unumstritten. Weder die Frage der Widmung des Denkmals noch sein Standort, weder seine ästhetische noch seine politische Legitimation, weder die Größe, die es haben, noch das Material, aus dem es erbaut werden sollte.

Wer auch nur vage in Erinnerung hat, welche Abneigung der Plan seinerzeit hervorrief, im Zentrum Berlins ein Holocaust-Mahnmal zu bauen, wer daran zurückdenkt, wie hitzig und verletzend die Debatten um die Gestaltung dieses Gedächtnisortes über anderthalb Jahrzehnte geführt wurden – der kann heute nur staunen. Seit der Einweihung des Stelenfeldes am 10. Mai 2005 ist die Kritik verstummt. Einige der prominentesten Gegner des Entwurfs des amerikanischen Architekten Peter Eisenman haben sogar öffentlich ihren Irrtum eingestanden.

Mittlerweile ist das Mahnmal ein Touristenmagnet geworden. Zu beinahe jeder Tageszeit ist es von Besuchern umlagert, die einzeln oder in Gruppen zwischen den Betonquadern herumschlendern.

Etwa dreieinhalb Millionen Menschen haben das Stelenfeld unweit des Brandenburger Tors allein im ersten Jahr besucht. Genaue Zahlen lassen sich nicht ermitteln, da das 19 000 Quadratmeter große Terrain von allen Seiten und rund um die Uhr zugänglich ist. Im unterirdischen »Ort der Information« unterrichtet eine Ausstellung über die Organisation des Holocaust und die Schicksale der Opfer. »Es bleibt mir eigentlich zu hoffen, dass man da reingeht und nicht mehr so rauskommt, wie man reingegangen ist«, sagte der israelische Botschafter Shimon Stein bei der Eröffnung.

Info: In Berlin-Mitte gelegen. **Info Holocaust-Mahnmal:** Ort der Information, Cora-Berliner-Str. 1, 10117 Berlin, Tel. (030) 26 39 43-0, www.stiftung-denkmal.de, Öffnungszeiten Ort der Information Di–So 10–20, Okt.–März bis 19 Uhr, Eintritt frei, Spenden sind erwünscht, Stelenfeld jederzeit frei zugänglich.

Echte Grenzanlage und Zeitzeugenberichte

Gedenkstätte Berliner Mauer

Berlin

Die Mauer war mehr als nur eine fast vier Meter hohe Betonumfassung: Wie eine Schneise trennte der durchschnittlich 70 Meter breite Mauerstreifen mit Kontrolltürmen, Grenzsignalzaun, Stahlspitzenmatte und Hundelaufanlagen Ost- und West-Berlin bis 1990. An der Gedenkstätte Berliner Mauer zwischen Nordbahnhof und Mauerpark kann man heute noch nachvollziehen, wie die Grenzanlagen aussahen.

In vier Teilbereichen werden die Grenzsperranlagen sichtbar gemacht und wird das Leben mit der Mauer dokumentiert. Es gibt Themenstationen mit Informationstafeln, Fotos, Hörbeispielen und Videos, sogenannten archäologischen Fenstern und Nachzeichnungen abgerissener Gebäude, die der Mauer weichen mussten. Ein Aussichtsturm verschafft einen hervorragenden Überblick über das Gelände.

Auch der Verlauf der drei Tunnel, die hier unter dem Grenzstreifen mehreren Dutzend Menschen zur Flucht verhalfen, ist gekennzeichnet. Einer der Tunnel war 145 Meter lang und lag in zwölf Metern Tiefe! Sein Eingang befand sich auf der Ostseite in der Strelitzer Straße 55, wo eine Gedenktafel neben der Haustür an die Flucht von 57 Menschen und einen erschossenen Polizisten erinnert, der zu Tode kam, als er mit seinen Kollegen weitere Flüchtlinge und Fluchthelfer dingfest machen wollte.

Die Versöhnungskapelle auf dem Mauerstreifen steht an der Stelle der alten Versöhnungskirche, die auf Geheiß der DDR-Behörden 1985 abgerissen wurde, weil sie im Grenzbereich stand. Altarbild und Glocken konnten gerettet werden und sind nun Teil der neuen Kapelle aus Stampflehm, dem Überreste der alten Kirche beigemischt wurden. Wer um die Kapelle herumgeht, kann im inneren Wandelgang noch Bombenfunde und Reste des alten Kirchenfundaments sehen.

Info: Zwischen den Stadtteilen Prenzlauer Berg und Wedding gelegen. **Info Gedenkstätte Berliner Mauer:** Besucherzentrum: Bernauer Str. 111, Dokumentationszentrum: Bernauer Str. 119, 13355 Berlin, Tel. (030) 467 98 66 66, www.berliner-mauer-gedenkstaette.de, Öffnungszeiten Besucher- und Dokumentationszentrum tägl. außer Mo 10–18, Außengelände tägl. 8–22 Uhr, Eintritt frei, verschiedene Führungen im Angebot.

Gedenkstätte Berliner Mauer an der Bernauer Straße.

Die Berliner Mauer

28 Jahre lang trennte sie die beiden Hälften der alten und neuen Hauptstadt. Im Stadtbild sind von der Mauer nur wenige Spuren erhalten, doch zahlreiche Gedenkorte, Infotafeln und Museen erinnern an die Teilung Berlins vom 13. August 1961 bis zum 9. November 1989.

Zentraler Ort ist die ⑩ **Gedenkstätte Berliner Mauer** ➡ B/C7/8 an der Bernauer Straße. Auf dem ehemaligen Todesstreifen werden originale Relikte der Grenzanlagen durch Nachzeichnungen ergänzt; das Gedenkstättenareal reicht nordöstlich bis zum **Mauerpark**. Der **Berliner Mauerweg** erschließt mit Informationstafeln die 160 Kilometer lange Trasse der ehemaligen Grenzanlagen um West-Berlin für Fußgänger und Radfahrer. In den Innenstadtbezirken markiert eine doppelte Pflastersteinreihe im Straßenboden den **Mauerverlauf** (rund 8 km), besonders auffällig in der Niederkirchner Straße ➡ F7, wo die Mauer genau zwischen dem Gropius Bau und dem heutigen Abgeordnetenhaus verlief. Hier, entlang der Topographie des Terrors, sind auf 200 Metern auch Mauerreste erhalten. Das längste erhaltene Mauerstück ist die **East Side Gallery**.

Birgit Kinders Trabi-Bild an der East Side Gallery

Stadt und die Opfer kommunistischer Gewaltherrschaft« und die Kapelle der Versöhnung, die an der Stelle steht, an der 1985 die Versöhnungskirche gesprengt wurde. Im großen Außenbereich auf dem ehemaligen Todesstreifen dokumentieren Informationsstelen mit Videos, Hörbeispielen, Fotos und Texten Orte und Ereignisse an der Mauer.

Gedenkstätte Berlin-Hohenschönhausen ➡ dB5
Genslerstr. 66, Hohenschönhausen
Tram M6: Genslerstraße
✆ (030) 98 60 82 30, www.stiftung-hsh.de
Führungen März–Okt. tägl. 10–16 Uhr stdl., Nov.–Feb. Mo–Fr 11, 13 und 15 Uhr, Sa/So 10–16 Uhr stdl.
Eintritt € 6/3, Schüler € 1
Zeitzeugen und Historiker führen durch die frühere zentrale Untersuchungshaftanstalt der Stasi. Mit Ausstellung über den Ort, die Täter und die Opfer.

Gedenkstätte Deutscher Widerstand ➡ E6
Stauffenbergstr. 13/14, Tiergarten
Bus M29: Gedenkstätte Deutscher Widerstand

Gedenk- und Bildungsstätte Haus der Wannsee-Konferenz

✆ (030) 26 99 50 00, www.gdw-berlin.de
Mo–Fr 9–18, Do bis 20, Sa/So/Fei 10–18 Uhr
Eintritt frei
Ständige Ausstellung »Widerstand gegen den Nationalsozialismus« im historischen »Bendlerblock«, dem ehemaligen Oberkommando des Heers; Ehrenhof für die Opfer des 20. Juli 1944, die hier hingerichtet wurden: Graf von Stauffenberg, Olbricht, von Quirheim und von Haeften.

Gedenk- und Bildungsstätte Haus der Wannsee-Konferenz ➡ dD3
Am Großen Wannsee 56–58, Zehlendorf
Bus 114 ab S-Bhf. Wannsee
✆ (030) 805 00 10, www.ghwk.de
Tägl. 10–18 Uhr, Eintritt frei
Ständige Ausstellung »Die Wannsee-Konferenz 1942 und der Völkermord an den Juden Europas«.

Gedenkstätte Plötzensee ➡ B3
Hüttigpfad, Charlottenburg
S41/42: Beusselstraße, dann Bus 123: Gedenkstätte Plötzensee
www.gedenkstaette-ploetzensee.de
Tägl. 9–17, Nov.–Feb. nur bis 16 Uhr, Eintritt frei
2891 Menschen wurden hier zwischen 1933 und 1945 hingerichtet, darunter 86 Beteiligte und Mitwisser des Widerstands vom 20. Juli 1944.

Neue Wache ➡ D8
Unter den Linden 4, Mitte
Bus 100/200/TXL: Staatsoper
Eintritt frei
Erster Staatsauftrag an Karl Friedrich Schinkel (1816). 1931 Umbau durch Heinrich Tessenow zum »Ehrenmal für die Gefallenen des Krieges 1914–18«; in der DDR »Mahnmal für die Opfer des Faschismus und Militarismus«; jetzt »Zentrale Gedenkstätte für die Opfer von Krieg und Gewaltherrschaft«.

Stasi-Museum/Forschungs- und Gedenkstätte Normannenstraße ➡ östl. D/E13
Ruschestr. 103, Lichtenberg
U5: Magdalenenstraße

✆ (030) 553 68 54, www.stasimuseum.de
Mo–Fr 10–18, Sa/So/Fei 11–18 Uhr
Eintritt € 8/6, Schüler € 3
Ehemalige Stasizentrale; in der Ausstellung geht es um Auftrag, Arbeit und den Überwachungsapparat des Ministeriums für Staatssicherheit. Zu sehen sind zudem die original erhaltenen Dienst- und Arbeitsräume von Erich Mielke. Eine Open-Air-Ausstellung im Hof erinnert an »Revolution und Mauerfall« (www.revolution89.de).

Topographie des Terrors ➡ F7
Niederkirchnerstr. 8, Kreuzberg
S-Bahn, Bus M 29: Anhalter Bahnhof, U 2: Potsdamer Platz
✆ (030) 25 45 09 50, www.topographie.de
Tägl. 10–20 Uhr, Eintritt frei
Die Dauerausstellung im Dokumentationszentrum informiert über die Verbrechen der NS-Zeit und macht die europäische Dimension der NS-Schreckensherrschaft deutlich. Zusätzlich thematisiert eine Open-Air-Ausstellung die Folgen der nationalsozialistischen Politik für die Stadt. Auf dem Gelände befanden sich 1933–45 das Geheime Staatspolizeiamt mit eigenem »Hausgefängnis«, die Reichsführung-SS und während des Zweiten Weltkriegs auch das Reichssicherheitshauptamt. ■

Ausstellungsgraben des Dokumentationszentrums Topographie des Terrors

Übernachten
Hotels, Hostels, Pensionen

Berlin boomt! Immer mehr Touristen besuchen die Stadt – und jedes Jahr eröffnen neue Hotels. Insgesamt gibt es rund 800 Beherbergungsbetriebe. Die Zahlen steigen weiter und die Konkurrenz drückt auf die Preise: Nirgendwo sonst in Europa kann man so günstig übernachten! Auch in Sachen Vielfalt liegt Berlin weit vorne. Ob Hostel oder Luxusherberge, Standard-Hotelkette oder Boutique-Hotel, großzügige Apartments oder die klassische Berliner Pension – für jeden Geschmack und Geldbeutel ist die passende Unterkunft zu finden. Stark im Kommen sind Design-Hotels. Viele Häuser bieten attraktive Arrangements, Frühbucher- und/oder ermäßigte Wochenend-Tarife an.

Die angegebenen Preiskategorien gelten für ein Doppelzimmer. Frühstück ist in der Regel nicht eingeschlossen. Bei Privatreisen wird zusätzlich eine Tourismusabgabe in Höhe von fünf Prozent des Netto-Übernachtungspreises erhoben.

€ – bis 80 Euro
€€ – 80 bis 150 Euro
€€€ – 150 bis 250 Euro
€€€€ – über 250 Euro

Blick vom Hotel de Rome über Berlin

Hotels

Häuser mit Geschichte:

Hotel de Rome ➡ E8
Behrenstr. 37, Mitte, U6: Französische Straße
✆ (030) 460 60 90, www.roccofortehotels.com
Im einstigen Hauptquartier der Dresdner Bank lässt es sich luxuriös wohnen. Viele Details wie Säulen, Stuckelemente, Treppenhäuser, Glasdecken sind original erhalten. Die ehemalige Schalterhalle ist heute Ballsaal, der Tresorraum im Keller ein großer Wellnessbereich mit 20-m-Pool. Großartig: die Lounge auf der Dachterrasse. €€€€

Das »Oktogon«, die Eingangshalle im Westin Grand Berlin

The Westin Grand Berlin ➡ E7
Friedrichstr. 158–164, Mitte
U6: Französische Straße
✆ (030) 202 70, www.westingrandberlin.com
Das einstige Vorzeigehotel der DDR hat seinen sozialistischen Plüsch längst verloren. Geblieben ist die glamouröse Lobby mit der effektvollen Freitreppe unter einem 30 m hohen Glas-Atrium. Mit Spa, Pool und einem zauberhaften Hofgarten. €€€–€€€€

Mövenpick Hotel Berlin ➡ F7
Schöneberger Str. 3, Kreuzberg
S1/2/25: Anhalter Bahnhof
✆ (030) 23 00 60, www.moevenpick-hotels.com

Das Mövenpick Hotel in Berlin-Kreuzberg

Beherbergte einen berühmten Jazzmusiker: Ellington Hotel

Im ehemaligen Siemens-Verwaltungsgebäude wurde der imposante Chefetagen-Eindruck mit schweren Türen, hohen Decken und Eichenholzmobiliar bewahrt, aufgefrischt durch moderne Akzente. €€€

Crowne Plaza Berlin Potsdamer Platz ➡ F7
Hallesche Str. 10–14, Kreuzberg
S1/2/25: Anhalter Bahnhof
✆ (030) 801 06 60, www.crowneplaza.com
Im ehemaligen Post Palais, von dem aus rund 60 Jahre lang West-Berlins Briefpost verteilt wurde, erwartet die Besucher heute ein großzügig elegantes Hotel, das denkmalgeschützte Architekturelemente mit modernem, japanisch inspiriertem Design verbindet. Sehr populär: das Restaurant Layla (€€) des israelischen Chefkochs Meir Adoni. €€–€€€

Ellington Hotel Berlin ➡ F4
Nürnberger Str. 50–55, Wilmersdorf
U3: Augsburger Straße
✆ (030) 68 31 50, www.ellington-hotel.com
The Duke heißt das Restaurant – und damit ist klar, wer der Namensgeber des Hotels ist. Jazzlegende Duke Ellington spielte einst im Kellerlokal Badewanne. Zuletzt arbeitete hier die Oberfinanzdirektion. Die Stahltüren im Tresorraum im Keller sichern heute edle Weine. Sonntags gibt es Jazz live zum Brunch. €€–€€€

Futuristische Lobby im nhow Berlin

Design-Hotels:

nhow Berlin ➡ F12
Stralauer Allee 3, Friedrichshain
S-/U-Bahn: Warschauer Straße
✆ (030) 290 29 90, www.nhow-hotels.com
Spektakuläre Architektur, außergewöhnliches Design: Mit avantgardistischen Formen und Bonbonfarben wendet sich das neue nhow-Hotel an ein junges, zahlungskräftiges Publikum. €€€€

Fassade des nhow Berlin

ackselhaus & blue home ➡ C10
Belforter Str. 21, Prenzlauer Berg
U2: Senefelderplatz
✆ (030) 44 33 76 33, www.ackselhaus.de
Zwei typische Berliner Mietshäuser, sorgfältig restauriert, überraschen mit ganz unterschiedlichen, mit Antiquitäten und Kuriositäten individuell gestalteten Zimmern, Suiten und Apartments. €€–€€€€

25hours Hotel Bikini Berlin ➡ F4
Budapester Str. 40, Charlottenburg
S/U-Bahn: Zoologischer Garten
✆ (030) 26 36 95 94, www.25hours-hotels.com
»Urban Jungle« mit Blick auf den Zoo und üppigen Pflanzen im ganzen Haus. 149 Zimmer in klarem Design mit verspielten Details. Szenetreff ist die Monkey

Sich fühlen wie im Dschungel: Im 25hours Hotel Bikini Berlin ist das möglich

Prominent in Berlins Mitte: das Hotel Adlon Kempinski am Pariser Platz

Bar mit Terrasse im zehnten Stock, ebenso beliebt gleich nebenan das Restaurant Neni (ostmediterrane Küche, €€). €€€

COSMO Hotel Berlin Mitte ➡ E8
Spittelmarkt 13, Mitte
U2: Spittelmarkt
✆ (030) 58 58 22 22, www.cosmo-hotel.de
Ein Haus für unternehmungslustige Leute, die die bunte Szene Berlins erleben wollen. Der Concierge gibt Tipps für angesagte Restaurants, Bars, Clubs und zum Shoppen. €€–€€€

Die Top-Klassiker:

Hotel Adlon Kempinski Berlin ➡ E7
Unter den Linden 77, Mitte
S-/U-Bahn, Bus 100/TXL: Brandenburger Tor
✆ (030) 226 10, www.hotel-adlon.de
Das legendäre Adlon am Pariser Platz verwöhnt mit Luxus pur. Elegante Zimmer und Suiten in warmen Farbtönen mit edlen Materialien. Großer Spa-Bereich. €€€€

Relaxen auf den Dächern des Grand Hyatt Berlin

Grand Hyatt Berlin ➡ E6
Marlene-Dietrich-Platz 2, Tiergarten
S-/U-Bahn: Potsdamer Platz
✆ (030) 25 53 12 34, www.hyatt.com
Das zeitgemäße Luxushotel am Potsdamer Platz vereint edles Design mit höchstem Komfort. Die Vox Bar gilt als eine der besten Deutschlands, nicht nur wegen der

Auferstanden aus Ruinen

HOTEL ADLON KEMPINSKI BERLIN

Berlin

Nüchtern betrachtet ist das »Adlon Kempinski« nur ein Grandhotel in bester Lage am Pariser Platz mit Blick auf das Brandenburger Tor. Doch kaum jemand kann sich der wechselhaften Geschichte und der Faszination dieses Hotels entziehen. Im Oktober 1907 öffnete das Haus seine Pforten und wurde sofort der Liebling der Intellektuellen, Reichen und Mächtigen, unter ihnen Marlene Dietrich, Charlie Chaplin, Albert Einstein und Zar Nikolaus II.

Lorenz Adlon war ein Visionär der Kaiserzeit, er drückte dem Hotel von der Eröffnung bis zum Ersten Weltkrieg seinen Stempel auf und begründete so den Ruf einer Luxusherberge für alle Zeit. Es waren die Kaiserjahre, denn Kaiser Wilhelm II. fühlte sich hier viel wohler als im nahen Stadtschloss. Und auch seinen Freunden und Gästen riet er: »Kinder, geht doch lieber ins Adlon. Bei mir im Schloss ist es kalt und es zieht und im Bad läuft das heiße Wasser nicht.« So ist es nicht verwunderlich, dass die Liste der Berühmtheiten, die im Adlon residierten, immer länger wurde.

Seit 1997 wieder am alten Standort Unter den Linden: Hotel Adlon Kempinski.

Selbst den Zweiten Weltkrieg hätte das Grandhotel, das in dieser Zeit als Hospital diente, beinahe noch unbeschadet überstanden. Doch wenige Tage vor Kriegsende brannte das Haus unter nie ganz geklärten Umständen zum Großteil ab. Während der DDR-Zeit fristete es als Hotel ohne jeden Charme und später als Lehrlingswohnheim ein trauriges Dasein. 1984 stimmte dann das Politbüro der SED für den endgültigen Abriss des Adlon. Vor der geplanten Neubebauung mit Mietshäusern kam aber die Wende. Da Hedda Adlon, die Schwiegertochter des Hotelgründers, in den 1950er Jahren der Kempinski AG das Vorkaufsrecht für das Grundstück und den Namen Adlon übertragen hatte, war es nur logisch, das geschichtsträchtige Hotel wieder auferstehen zu lassen.

Am 23. August 1997 war es dann so weit, der damalige Bundespräsident Roman Herzog eröffnete das neue Adlon. Auf den ersten Blick sieht es wie das Hotel aus der Kaiserzeit aus, im Innern ist es allerdings moderner und luftiger geworden. Nahtlos hat es an die Zeiten vor dem Ersten Weltkrieg angeknüpft – die Legende Adlon lebt weiter, und die VIPs kommen in Scharen.

INFO: In Berlin-Mitte gelegen. **INFO HOTEL ADLON KEMPINSKI BERLIN:** Unter den Linden 77, 10117 Berlin, Tel. (030) 22 61-0, www.hotel-adlon.de. Preise auf Anfrage.

240 Whisk(e)y-Sorten. Toller Spa auf dem Dach mit Pool und grandioser Aussicht. €€€€

The Ritz-Carlton, Berlin ➡ E6
Potsdamer Platz 3, Tiergarten
S-/U-Bahn: Potsdamer Platz
✆ (030) 33 77 77, www.ritzcarlton.com
Die Goldenen Zwanziger sind zurück: Nach umfassender Renovierung präsentiert sich das Fünf-Sterne-Haus im furios-eleganten Stil des Art déco. Persönlicher Service wird großgeschrieben. Zum Verwöhnprogramm gehören eine Wellness-Oase, zwei außergewöhnliche Bars und das Restaurant POTS mit neuer deutscher Küche. €€€€

Waldorf Astoria Berlin ➡ F4
Hardenbergstr. 28, Charlottenburg
S-/U-Bahn: Zoologischer Garten
✆ (030) 814 00 00, www.waldorfastoria.com
Hoch hinaus mit allem Luxus: Die Zimmer sind groß und elegant und bieten – je höher, je besser – herrliche Ausblicke auf die Stadt. Mit Guerlain Luxus-Spa, Restaurant Roca und Peacock Gallery Bar. €€€€

Suite mit Aussicht: Waldorf Astoria Berlin

Originelle Hotels:

Arte Luise Kunsthotel ➡ D7
Luisenstr. 19, Mitte
Bus 100: Brandenburger Tor, Bus TXL: Karlplatz
✆ (030) 28 44 80, www.luise-berlin.com
Wohnen im Kunstwerk: Jedes der 50 Zimmer wurde jeweils von einem Künstler nach eigenem Konzept gestaltet. In der »Belétage« des Altbaus finden sich Einzel- und Doppelzimmer mit Bad, in der Mansarde günstigere Zimmer (Etagendusche). »Der arme Poet« verfügt sogar über ein Bad. €€–€€€

Innenraum des Stadtbades, das heute ein Hotel ist: Hotel Stadtbad Oderberger

Hotel Stadtbad Oderberger ➡ B9
Oderberger Str. 57, Prenzlauer Berg
U2: Eberswalder Straße
✆ (030) 780 08 97 60, www.hotel-oderberger.berlin
1986 musste das historische Stadtbad schließen, 30 Jahre später eröffnete es als originell-komfortables Design-Hotel. Die restaurierte Schwimmhalle dient zum Schwimmen und nach raschem Umbau auch als Event-Location. €€–€€€

Helle, rustikale Zimmer zeichnen das Hotel Stadtbad Oderberger aus

Originelle Unterkunft: der Hüttenpalast in einer ehemaligen Fabrikhalle

Honigmond ➡ C7/8
Tieckstr. 11, Mitte
U6: Naturkundemuseum
✆ (030) 284 45 50
Honigmond Garden Hotel ➡ C7
Invalidenstr. 122, Mitte
U6: Naturkundemuseum
✆ (030) 28 44 55 77, www.honigmond.de
Großbürgerlich wohnen wie im 19. Jh. in geschmackvollen und mit Kunstwerken individuell ausgestatteten Zimmern. Im Garden Hotel zudem ein lauschiger Innenhof mit Teich und viel Grün. Privat geführte, nahe beeinander gelegene Boutique-Hotels. €€

Hüttenpalast ➡ H10
Hobrechtstr. 66, Neukölln
U7/8: Hermannplatz
✆ (030) 37 30 58 06, www.huettenpalast.de
Ausrangierte Wohnwagen, liebevoll aufbereitet, und selbst gezimmerte Holzhütten sind die originellen Schlafstätten in zwei ehemaligen Fabrikhallen. Gemeinschaftsbäder, jedoch auch Zimmer mit eigenem Bad. Mit idyllisch verwildertem Hinterhofgarten. €

Hostels

Baxpax Downtown Hostel Hotel ➡ D8
Ziegelstr. 28, Mitte
S1/2/25: Oranienburger Straße
✆ (030) 27 87 48 80, www.baxpax.de

Imposantes Zimmer im Honigmond

Beliebt bei jungen Reisenden: das EastSeven Berlin Hostel

Vom Schlafsaal (8 Betten) über Einzel- und Doppelzimmer bis zum (Familien-)Apartment. Außerdem Gemeinschaftsräume, eine Bar auf dem Dach, Informationsbörse unter den internationalen Gästen und um zwei Ecken die lebhafte Oranienburger Straße. €

EastSeven Berlin Hostel ➡ C9
Schwedter Str. 7, Prenzlauer Berg
U2: Senefelderplatz
✆ (030) 93 62 22 40, www.eastseven.de
Die jungen Gäste aus aller Welt sind begeistert von der familiären Atmosphäre, den günstigen Preisen und dem tollen Service in dem mehrfach ausgezeichneten Hostel. €

Pensionen

Abendstern ➡ F2
Stuttgarter Platz 8, Charlottenburg
S3/5/7/9: Charlottenburg
✆ (030) 31 01 34 92, www.hotel-abendstern.de
Alt-Berliner Haus mit gutem Komfort unweit der Messe und des Kurfürstendamms. €–€€

Pension Peters – Das andere Hotel ➡ F3
Kantstraße 146, Charlottenburg S3/5/7/9: Savignyplatz
✆ (030) 312 22 78, www.pension-peters-berlin.de
Die familienfreundliche Pension legt Wert auf Umweltschutz und Nachhaltigkeit, bietet Einzel-, Doppel- und große Familienzimmer (bis zu 2 Kinder unter 10 J. frei) sowie Bio-Frühstück. € ■

Essen und Trinken
Cafés, Restaurants, Berliner Küche

Rund 9000 gastronomische Betriebe verzeichnet die Berlin-Statistik – da ist für jeden etwas dabei! Das Angebot reicht von Imbissbuden und der klassischen Berliner Eckkneipe bis zu Cocktailbars, Biergärten, Streetfood, veganer Küche und Gourmetrestaurants. Riesig ist die Auswahl auch bei den Landesküchen, von afrikanisch bis australisch, von mediterran bis panasiatisch, von alpenländisch bis morgenländisch: In Berlin ist die ganze Welt zu Gast, und das spiegelt sich auch auf reich gedeckten Tischen. Willkommen zur kulinarischen Weltreise!

Die folgenden Preiskategorien beziehen sich auf ein Hauptgericht:

€ – bis 10 Euro
€€ – 10 bis 20 Euro
€€€ – 20 bis 35 Euro
€€€€– über 35 Euro

Immer beliebt bei gutem Wetter: Berliner Cafés

Cafés und Restaurants

Mitte:

Hauptstadtrestaurant Gendarmerie ➡ E8
Behrenstr. 42
U6: Französische Straße
✆ (030) 76 77 52 70, www.gendarmerie-berlin.de
Tägl. 11–24 Uhr
Restaurant und Bar am Gendarmenmarkt. Sensationell ist der 8 m hohe Raum in dem ehemaligen Bankgebäude mit vier Säulen, einem tonnenschweren Gemälde von Yves Klein und dem 17-m-Tresen. €€€

Die Ganymed Brasserie am Spreeufer setzt auf französisches Ambiente

Balthazar Spreeufer 2 ➡ E9
Spreeufer 2, Nikolaiviertel
S-/U-Bahn: Alexanderplatz
✆ (030) 30 88 21 56, www.balthazar-spreeufer.de
Tägl. 12–22 Uhr
Stilvoll-elegantes Restaurant mit großer Terrasse am Spreeufer. Deutsche Klassiker und asiatische Inspirationen. Günstiges Mittagsangebot und ausgezeichnete Abendmenüs. €€–€€€

Ganymed Brasserie ➡ D7
Schiffbauerdamm 5
S-/U-Bahn: Friedrichstraße
✆ (030) 28 59 90 46, www.ganymed-brasserie.de
Tägl. 12–24, Theatermenü 17–19 und 22–23 Uhr
Klassische französische Gerichte. Restaurant mit Terrasse direkt neben dem Berliner Ensemble. €€–€€€

Einladend: Balthazar Spreeufer 2

Gärtnerei ➡ C8
Torstr. 179
U8: Rosenthaler Platz, S1/2/25: Oranienburger Straße
✆ (030) 24 63 14 50
www.gaertnerei-berlin.com
Tägl. außer So 18–23 Uhr, Bar open end
Gemüse und Obst werden in ihrer köstlichen Vielfalt zelebriert. Fleisch vom Havelländer Apfelschwein oder Paderborner Freilandhuhn ist jedoch nicht verbannt. €€

Kopps Bar & Restaurant ➡ C8
Linienstr. 94, U8: Rosenthaler Platz
✆ (030) 432 097 75, www.kopps-berlin.de

Vegetarisches Frühstücksbüfett im Kopps

Mo–Do 18–24, Fr/Sa 17.30–24 Uhr, Sa/So Brunch 9.30–16 Uhr
Ohne Fleisch genießen: Kreative Küche aus regionalen Zutaten für Vegetarier, Veganer und solche, die es probieren wollen. €€

Braufactum Berlin ➡ D9
Memhardstraße 1–3
U-/S-Bahn: Alexanderplatz
✆ (030) 84 71 29 59, www.restaurant.braufactum.de
Tägl. ab 12 Uhr, open end
Küche So–Do bis 22, Fr/Sa bis 23 Uhr
Verschiedene Craft Biere vom Fass, dazu Burger und Barbecue. Lunchangebot: Burger, Pommes und Bier ab € 5,50. €

Um den Kurfürstendamm:

Enoiteca Il Calice ➡ F2
Walter-Benjamin-Platz 4
U7: Adenauerplatz
✆ (030) 3242308, www.enoiteca-il-calice.de
Tägl. außer So 12–16 und 18–23.30 Uhr
Italienische Weine und dazu eine hervorragende Küche. Vor allem die Antipasti sind sehr zu empfehlen. Mit Sommerterrasse. Reservierung empfohlen. €€€–€€€€

Diekmann ➡ F3
Meinekestr. 7, U1: Uhlandstraße
✆ (030) 883 33 21, www.diekmann-restaurants.de
Mo–Sa ab 12, Fei ab 18 Uhr
Schwere Kolonialwarenschränke geben dem edlen Restaurant einen Hauch von Nostalgie. Im Mittelpunkt steht deutsch-französische Küche mit frischen Produkten aus Brandenburg. €€€

Grosz ➡ F2
Kurfürstendamm 193/194
Bus M19/M29: Knesebeckstraße
✆ (030) 652 14 21 99, www.grosz-berlin.de
Tägl. 9–23, Fr/Sa bis 23.30 Uhr
Das Restaurant und Kaffeehaus mit opulenter Ausstattung serviert Frühstück, Lunch, Afternoon Tea mit feinster Patisserie, Spezialitäten vom Grill sowie Cocktail-Klassiker. €€€

Restaurant Tugra ➡ F1
Kurfürstendamm 96
U7, Bus M19/M29: Adenauerplatz
✆ (030) 323 40 27, www.restaurant-tugra.de
Tägl. 11.30–24, So Brunch ab 10 Uhr
Türkische Spezialitäten vom Feinsten, dazu gibt es ausgezeichnete Weine. Elegantes Ambiente ganz ohne türkische Folklore-Deko. €€–€€€

Café-Restaurant Wintergarten im Literaturhaus ➡ F3
Fasanenstr. 23, U1: Uhlandstraße
✆ (030) 882 54 14

Das Restaurant Diekmann verbindet deutsch-französische Küche mit kolonialem Charme

Berlin kann mehr als nur Currywurst

www.literaturhaus-berlin.de
Tägl. 9–24 Uhr
Gutes Frühstück; saisonal wechselnde Speisekarte; angenehme Atmosphäre, wunderschöner Garten. €€–€€€

Kurpfalz-Weinstuben ➡ F2
Wilmersdorfer Str. 93, Wilmersdorf
U7: Adenauerplatz
✆ (030) 883 66 64, www.kurpfalz-weinstuben.de
Traditionsreiche Gaststätte im Hinterhof; deftige, deutsche, saisonale Küche mit modernen Variationen. Große Weinauswahl, überwiegend aus der Pfalz. €€

Benedict ➡ G3
Uhlandstraße 49, Wilmersdorf
U9: Spichernstraße, U3: Hohenzollernplatz
✆ (030)994 04 09 97, www.benedict-breakfast.de
Tägl. 24 Std. geöffnet
So frühstückt die Welt, und das rund um die Uhr.

Rund um den Savignyplatz:
S3/5/7/9: Savignyplatz

Mar y Sol ➡ F3
Savignyplatz 5
✆ (030) 313 25 93, www.marysol-berlin.de
Tägl. 11–1 Uhr

Rund um den Savignyplatz gibt es viele gemütliche Restaurants

Dicke Wirtin: eine typische Berliner Kneipe

Tapas und andere Leckereien in spanischem Ambiente, bei schönem Wetter im lauschigen Sommergarten. €€

Dicke Wirtin ➡ F3
Carmerstr. 9
✆ (030) 312 49 52, www.dicke-wirtin.de
Tägl. ab 11 Uhr, open end
Traditionelle Berliner Kneipe mit Alt-Berliner Spezialitäten, beliebt bei Studenten, Touristen und Fußballfans. €

Zwiebelfisch ➡ F3
Savignyplatz 7
✆ (030) 312 73 63, www.zwiebelfisch-berlin.de
Tägl. 12–6, Küche bis 3 Uhr
Treffpunkt von Künstlern, Intellektuellen und Alt-68ern. €

Friedrichshain-Kreuzberg:

Hasir ➡ F10
Adalbertstr. 10
U1/8: Kottbusser Tor
✆ (030) 614 23 73, www.hasir.de
Tägl. durchgehend geöffnet
Hier begann die Erfolgsgeschichte des traditionellen türkischen (anatolischen) Restaurants, das inzwischen

Türkisches Essen lässt man sich bei Hasir schmecken

sechs Filialen in der Stadt hat; eine gleich nebenan. Besonders zu empfehlen: Fleisch vom Holzkohlegrill. €–€€

Kuchenkaiser ➡ F9
Oranienplatz 11–13, U1/8: Kottbusser Tor
✆ (030) 61 40 26 97
Tägl. 9–2 Uhr
Von Berliner Buletten bis Flammkuchen plus saisonale Gerichte, preiswert, reichlich und gut, auch Frühstück. Großer Saal und kleiner Garten. €–€€

Markthalle Neun ➡ F10
Eisenbahnstr. 42/43
U1: Görlitzer Bahnhof
www.markthalleneun.de
Am »Street Food Thursday« wird die historische Markthalle Neun (Do 17–22 Uhr) zur internationalen Garküche mit rund 20 Ständen, an denen man sich von Brandenburger Tapas bis zu mexikanischen Tacos durch die Welt essen kann. Außerdem Märkte mit wechselnden Angeboten (Di–Fr 12–18, Sa 10–18 Uhr) und kulinarische Sonderveranstaltungen. €–€€

Street Food Thursday in der Markthalle Neun in Kreuzberg

Max und Moritz – Das Kulturwirtshaus ➡ F9
Oranienstr. 162
U8: Moritzplatz
✆ (030) 695 15 91, www.maxundmoritzberlin.de
Tägl. ab 17 Uhr, Reservierung empfohlen

3000 Quadratmeter Feinkost

Markthalle Neun

Berlin

Rund um das Schlesische Tor war Kreuzberg schon immer bunt, alternativ und spätestens seit den 1980er Jahren auch umweltbewusst. Passend zu dieser Mischung aus Avantgarde und Subkultur findet hier seit Oktober 2011 ein Experiment statt: Ziel ist die Aufwertung und Belebung des Stadtteils durch einen Tempel des politisch korrekten Genusses – denn angeboten werden fast nur Produkte aus der Region, aus fairem Handel, aus eigener Herstellung und vor allem von höchster Qualität.

Die Rede ist von der Markthalle Neun, einer von 14 Markthallen, die Ende des 19. Jahrhunderts in ganz Berlin erbaut wurden und von denen heute noch drei in Betrieb sind. Die Kreuzberger Halle ist eine von ihnen. Seit 1891 wurde hier praktisch ununterbrochen Handel getrieben, doch mit dem Aufkommen der Supermärkte wandelte sich die alte Halle immer mehr zur Verkaufsfläche für Discounter. Von einem Markttreiben im klassischen Sinn konnte nicht mehr die Rede sein. Dies änderte sich 2009 mit der Gründung einer Projektgruppe, der es genau darum ging – um die Renaissance der Markthalle als sozialer Ort und als Forum für kleine Einzelhandelsbetriebe, die Waren erster Güte anbieten.

Nach einer Generalsanierung der maroden Gebäude konnte das Experiment beginnen – und bis jetzt lässt es sich gut an: Ökologische Bäckereien, bunte Kürbisstände und edle Weinstuben prägen heute das Gesicht der Halle. Von historischen Kartoffelsorten über handgemachte Pasta bis hin zum Bier aus der eigenen Brauerei reicht das Angebot dieses Marktes, auf dem kreative und engagierte Standbetreiber auf genussliebende und zugleich kritische Verbraucher treffen. Denn immer geht es hier auch um eine Weltanschauung, um ein Bekenntnis zum Biologischen und Regionalen, zum Nachhaltigen und Organischen, zum Hausgemachten und Hochwertigen.

Regional und abwechslungsreich: der Wochenmarkt in der Markthalle Neun.

Trotzdem ist die Markthalle kein Epizentrum moralinsaurer Öko-Piefigkeit. Im Gegenteil: Dieser Ort ist witzig, originell und inspirierend; vor allem donnerstags, wenn ab 17 Uhr der Street Food Thursday stattfindet. Hier zu flanieren und einzukaufen, zu probieren, zu plaudern und sich zu informieren, heißt das heutige Berlin von einer seiner spannendsten Seiten zu erleben.

Info: In Berlin-Kreuzberg gelegen. **Info Markthalle Neun:** Eisenbahnstr. 42/43, 10997 Berlin, Tel. (030) 61 07 34 73, www.markthalleneun.de. Märkte Di–Fr 12–18, Sa 10–18 Uhr, außerdem Do 17–22 Uhr Street Food Thursday.

Flaniermeile Bergmannstraße in Kreuzberg

Die Einrichtung ist charmant urberlinisch; die deftige Küche aus frischen Produkten hat einen schwäbischen Einschlag und manchmal wird Tango getanzt – multikulti Kreuzberg! €

Prenzlauer Berg:
U2: Senefelderplatz

Mao Thai ➡ B10
Wörther Str. 30
✆ (030) 441 92 61, www.maothai.de
Tägl. 12–24 Uhr
Schönes Ambiente auf zwei Etagen. Raffinierte Kreationen der nordthailändischen Küche. €€

Simsim Levantine Eatery ➡ B9
✆ (0152) 23 03 26 06
http://simsim-restaurant.de
Tägl. außer Mo 17–23, Fr/Sa bis 24 Uhr
Traditionelle palästinensische, libanesische und syrische Gerichte modern interpretiert; auch vegan. €€

Khushi Indisches Restaurant ➡ C9
Kollwitzstr. 37
✆ (030) 48 49 37 90, www.khushi-berlin.de
Tägl. 12–24 Uhr
Man sitzt angenehm, isst köstliche nordindische Küche und genießt leckere frische Cocktails. €–€€

Schön präsentiert und qualitativ hochwertig: Essen im Dachgarten-Restaurant Käfer

Das Dachgarten-Restaurant Käfer punktet vor allem mit seiner prestigeträchtigen Lage im Reichstagsgebäude

Tiergarten:

Dachgarten-Restaurant Käfer ➡ D7
Im Reichstag, Platz der Republik
U55: Bundestag, S-/U-Bahn: Brandenburger Tor, Bus 100: Reichstag
✆ (030) 226 29 90, www.feinkost-kaefer.de
Tägl. 9–17 und 19–24 Uhr
Restaurant am Fuß der gläsernen Kuppel des Reichstags. Am schönsten sind die Terrassenplätze. Nur mit Anmeldung/Reservierung. Ausweisdokument mit Lichtbild erforderlich. €€€

Café Einstein ➡ F5
Kurfürstenstr. 58
U1/2/3/4: Nollendorfplatz
✆ (030) 263 91 90, www.cafeeinstein.com
Tägl. 8–24 Uhr
Das originale Kaffeehaus im Wiener Stil mit Wiener Küche und Wiener Charme begann in dieser schmucken Villa mit Garten unter Kirschbäumen. €€–€€€

Café am Neuen See ➡ E4
Lichtensteinallee 2
S3/5/7/9: Tiergarten
✆ (030) 254 49 30, www.cafeamneuensee.de
Restaurant-Café tägl. ab 12 Uhr, Sa/So Frühstück ab

Mit zwei Michelin-Sternen ausgezeichnet: das Essen im Restaurant Facil

9 Uhr, Biergarten bei schönem Wetter ab 12, Sa/So ab 11 Uhr
Café und Restaurant, Biergarten mit Selbstbedienung, mitten im Tiergarten. Hier kann man auch Ruderboote mieten. €–€€

Gourmet-Restaurants

Berlin hat zahlreiche Michelin-Sterne-Restaurants (alle €€€€), davon fünf mit je zwei Sternen.

Restaurants mit zwei Sternen:

Facil ➡ E6
Im Hotel The Mandala
Potsdamer Str. 3, Tiergarten
U2: Potsdamer Platz
✆ (030) 590 05 12 34, www.facil.de
Mo–Fr 12–14 und ab 19 Uhr
Mit »kulinarischen Raffinessen« verführen Michael Kempff und sein Team in romantischer (Dach-)Garten-Atmosphäre.

Horváth ➡ G10
Paul-Lincke-Ufer 44 A, Kreuzberg
U1/3/8: Kottbusser Tor
✆ (030) 61 28 99 92, www.restaurant-horvath.de
Mi–So 18.30–22.30 Uhr

Sebastian Frank in der Küche des Horváth

Köstliches in Kreuzberg

Restaurant Horváth

Berlin

Von den Äußerlichkeiten der Nobelgastronomie hat man sich hier verabschiedet. Das von zwei Sternen geadelte Haus ist schick, aber nicht versnobt, nüchtern, aber nicht kalt, leger, aber nicht nachlässig. Es ist eine Mischung aus rustikal und elegant, in der man sich sofort wohlfühlt: ein schöner Dielenboden, braune Tische, dick gepolsterte Stühle, keine Tischdecken, aber Stoffservietten. Die Bedienung läuft nicht im Anzug umher und das wird auch nicht von den Gästen erwartet.

Das Gebäude blickt übrigens auf eine lange gastronomische Geschichte zurück: Schon seit 1918 kann man in den Räumen am Paul-Lincke-Ufer speisen, zwischen 1972 und 1986 etwa im legendären »Exil« des österreichischen Schriftstellers Oswald Wiener, bei dem auch Andy Warhol, Joseph Beuys, Rainer Werner Fassbinder und David Bowie gern gesehene Gäste waren.

Eine der spannendsten Küchen in Berlin: Restaurant Horváth.

Mit dem einstigen Künstler- und Literatentreffpunkt teilt das 2005 eröffnete Horváth neben den Räumlichkeiten auch den österreichischen Einschlag. Denn nicht nur der Name erinnert an den Autor der »Geschichten aus dem Wienerwald«, auch in den Kreationen von Küchenchef und Inhaber Sebastian Frank, 2018 zum besten Koch Europas gekürt, schmeckt man den Einfluss seiner niederösterreichischen Heimat. Die Herangehensweise aber ist eine ganz neue: Seine emanzipatorische Küche löst klassische kulinarische Hierarchien zwischen Fisch und Fleisch als Hauptakteuren und Gemüse als Beilage auf. Vielleicht gilt das Horváth auch deshalb als Geheimtipp für Vegetarier, die auf Sterneniveau essen gehen möchten; kommen doch viele der fünf, sieben oder neun Gänge, aus denen Franks Menüs bestehen, ganz ohne tierische Zutaten aus. Ob mit oder ohne Fleisch: In der mehrfach von den Kritikern des Guide Michelin und des Gault-Millau ausgezeichneten Küche finden alle Zutaten gleichberechtigt zu überraschenden und genussvollen Kombinationen zusammen.

Auch, was die »flüssige Nahrung« angeht, bricht das Horváth mit Konventionen der Sternegastronomie: Neben der üblichen Weinbegleitung steht eine alkoholfreie Alternative zur Auswahl. Die überaus einfallsreichen Kreationen mischen frische Säfte, Teeauszüge, hochwertige Öle und Reduktionen zu köstlichen und ebenso wie die erlesene Weinauswahl auf die Speisefolge abgestimmten Getränken.

Info: In Berlin-Kreuzberg gelegen. **Info Restaurant Horváth:** Paul-Lincke-Ufer 44 A, 10999 Berlin, Tel. (030) 61 28 99 92, www.restaurant-horvath.de, Öffnungszeiten Mi–So 18.30–22.30 Uhr. Reservierung empfohlen, Preise auf Anfrage.

Zwei-Sterne-Restaurant in Kreuzberg: Tim Raue

Sebastian Frank überrascht mit kreativen Neuinterpretationen klassischer Gerichte und außergewöhnlichen Kombinationen.

Lorenz Adlon Esszimmer ➡ E7
Im Hotel Adlon
Unter den Linden 77, Mitte
S-/U-Bahn: Brandenburger Tor
✆ (030) 22 61 19 60, www.lorenzadlon-esszimmer.de
Mi–Sa 19–24, letzte Bestellung 20 Uhr
Küchenchef Hendrik Otto sorgt für kulinarischen Hochgenuss.

Vegetarische Köstlichkeit im Cookies Cream

Restaurant Tim Raue ➡ F8
Rudi-Dutschke-Str. 26, Kreuzberg
U6: Kochstraße
✆ (030) 25 93 79 30, www.tim-raue.com
Lunch Fr/Sa 12–15, Küche bis 13 Uhr, Dinner Di–Sa 19–24, Küche bis 21 Uhr
Asiatisch inspiriert, kreativ komponiert, eigenwillig interpretiert: Berlins Spitzenkoch zaubert fantasie- und anspruchsvolle Menüs.

Rutz – Restaurant und Weinbar ➡ C7
Chausseestr. 8, Mitte
U6: Oranienburger Tor
✆ (030) 24 62 87 60, www.rutz-restaurant.de
Di–Sa 18.30–22.30 Uhr, Weinbar ab 16 Uhr
Natur und Aromen, Kreativität und Handwerk vereint Marco Müller zu raffinierten Menüs, serviert wie exquisite Kunstwerke.

Restaurants mit einem Stern (Auswahl):

Cookies Cream ➡ E7
Behrenstraße 55, Mitte (Hintereingang neben der Komischen Oper)
U-/S-Bahn: Brandenburger Tor
✆ (030) 27 49 29 40, www.cookiescream.com
Di–Sa ab 18 Uhr
Das erste vegetarische Restaurant, das mit einem Michelin-Stern ausgezeichnet wurde. Drei- oder Vier-Gänge-Menü zur Wahl.

Restaurant einsunternull ➡ C7
Hannoversche Str. 1, Mitte
U6: Oranienburger Tor
✆ (030) 27 57 78 10, www.einsunternull.com
Mo, Do–So ab 19 Uhr
Kosmopolitisch und regional: Küchenchef Silvio Pfeufer kreiert ein Sieben-Gänge-Menü (auch vegetarisch) als kulinarische Entdeckungsreise durch die Hauptstadt.

Stilvoll angerichteter Zander im Restaurant einsunternull

Hugos ➡ F5
Im Hotel InterContinental
Budapester Str. 2, Tiergarten
U1/2: Wittenbergplatz
✆ (030) 260 12 63, www.hugos-restaurant.de
Di–Sa 18.30–24, Küche bis 21.30 Uhr

Mit traumhaftem Ausblick auf das Brandenburger Tor kann man im Lorenz Adlon Esszimmer speisen

Beliebt: das Alt-Berliner Wirtshaus Henne in Berlin-Kreuzberg

Alles ist spitze: der Blick auf Berlin aus dem 14. Stock, die exquisite Küche von Eberhard Lange und der Service.

Skykitchen ➡ C12
Im Vienna House Andel's Berlin
Landsberger Allee 106, Lichtenberg
S 8/41/42/85: Landsberger Allee
✆ (030) 45 30 53 26 20
www.skykitchen.berlin
Di–Sa 18–23, letzte Platzierung 21 Uhr
Das Team um Alexander Koppe interpretiert deutsche und Berliner Küche modern und kreativ. Sensationell ist der Weitblick über Berlin aus dem zwölften Stock.

Weitere Restaurants mit Michelin-Stern:
www.visitberlin.de/de/sterne-restaurants

Berliner Küche

Berliner Republik ➡ D7
Schiffbauerdamm 8, Mitte
S-/U-Bahn: Friedrichstraße
✆ (030) 30 87 22 93
www.die-berliner-republik.de
Tägl. 10–5 Uhr

Der Bierpreis der 18 frisch gezapften Sorten schwankt an »Brokers Bierbörse« mit der Durst-Nachfrage. Dazu: Altberliner Küche. €–€€

PraterGarten in Prenzlauer Berg

PraterGarten ➡ B9
Kastanienallee 7–9, Prenzlauer Berg
U2: Eberswalder Straße
✆ (030) 448 56 88, www.pratergarten.de
Gaststätte Mo–Sa ab 18, So ab 12, Biergarten April–Sept. bei schönem Wetter tägl. ab 12 Uhr
Senfeier mit Quetschkartoffeln und andere Klassiker, aber auch Saisonales wie Spargel. €–€€

Zillemarkt ➡ F3
Bleibtreustr. 48 A
Charlottenburg, S3/5/7/9: Savignyplatz
✆ (030) 881 70 40, www.zillemarkt.de
Tägl. außer So 10–24 Uhr
Traditionsreiches Lokal mit lauschigem Biergarten. Neben Kartoffelsuppe oder Eisbeinsülze auch leichtere Gerichte. €–€€

Henne – Alt-Berliner Wirtshaus ➡ F9
Leuschnerdamm 25, Kreuzberg, U8: Moritzplatz
✆ (030) 614 77 30, www.henne-berlin.de
Di–Sa ab 18, So ab 17 Uhr
In der über 100 Jahre alten Eckkneipe mit Originaleinrichtung gibt es nur Hühnchen: frisch, saftig und knusprig. Dazu wird Kartoffel- und Krautsalat gereicht. Alternativ: Würste oder Bulette. Unbedingt reservieren! € ■

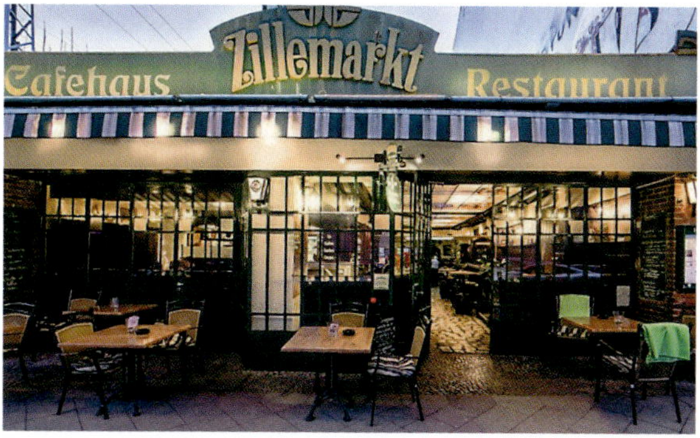

Berliner Küche am Savignyplatz

Nightlife

Bars, Lounges, Clubs, Discos, Jazzblubs, Karaoke

Berlin hat durchgehend geöffnet und für Nachtschwärmer jeder Couleur das passende Angebot, ob man nach dem Kulturgenuss »nur« noch in gepflegter Atmosphäre einen Drink zu sich nehmen oder die Nacht durchmachen möchte – bei Musik der unterschiedlichsten Stilrichtungen oder beim Abtanzen bis zum Umfallen.

Einsteigern in das Berliner Nachtleben ist ein Nightwalk in Mitte rund um die **Hackeschen Höfe** ➡ D8 zu empfehlen: Rosenthaler, Alte Schönhauser, Torstraße, Dircksen-, **Oranienburger**, Große Hamburger und Sophienstraße – überall locken Bars und Restaurant-Cafés, entlang der S-Bahn-Bögen am Monbijoupark auch mit Liegestühlen.

Aktuelle Tipps gibt's unter www.wasgehtheuteab.de/berlin, außerdem in den Stadtmagazinen **TIP** (www.tip-berlin.de), **Zitty** (zitty.de) und online bei **[030]** (www.berlin030.de, www.gaesteliste030.de). Tipps für die schwul-lesbische Szene bietet das Magazin ***Siegessäule*** (www.siegessaeule.de).

Die entspannte Späti-Atmosphäre macht so manchem Club Konkurrenz

Bars und Lounges

Berliner Bars versprechen aufregende Nächte

Bergschloss ➡ J10
Kopfstr. 59, Neukölln
U8: Leinestraße
✆ (030) 64 43 59 06, www.berlinerberg.de
Mi–Sa 19–1 Uhr
Craft Bier liegt voll im Trend; vereint mit traditioneller Braukunst entstehen in der hauseigenen Brauanlage moderne Biere und Klassiker wie die Berliner Weisse neu. Schankraum mit Biergarten.

Lanninger ➡ D6
Abion Hotel, Alt-Moabit 99, Tiergarten
S-/U-Bahn: Hauptbahnhof
www.lanninger.de
Tägl. ab 10 Uhr
Ob drinnen am 14-m-Tresen oder draußen auf der Terrasse: Der schöne Blick auf die Spree gehört zum Genießen dazu. Die Cocktails werden passend zur Jahreszeit gemixt.

Lochner Weinwirtschaft ➡ G5
Eisenacher Str. 86, Schöneberg
U7: Eisenacher Straße
✆ (030) 23 00 52 20
www.lochner-weinwirtschaft.de
Di–Sa 16–0.30, Küche 17–22 Uhr
Große Auswahl vorwiegend deutscher Weine aller Anbaugebiete. Als Weinbegleitung dazu eine Vielfalt kleiner Gerichte.

Newton Bar ➡ E8
Charlottenstr. 57, Mitte
U6: Französische Straße
✆ (030) 20 29 54 21, www.newton-bar.de
So–Mi 11–3, Do–Sa 11–4 Uhr
Der ideale Platz für einen Drink am Gendarmenmarkt.

Das Bergschloss trumpft mit einer großen Auswahl an Bieren auf

Reingold Berlin ➡ C7
Novalisstr. 11, Mitte
U6: Oranienburger Tor
✆ (030) 28 38 76 76, http://cms.reingold.de
Di–Sa ab 20 Uhr

Schöne Lichtstimmung im Reingold Berlin

Entspannte Atmosphäre, klassische Cocktails, Barfood, Musik vom Band, am Wochenende von DJs und ab und zu live.

Riva Bar ➡ D9
Dircksenstr., Bogen 142, Mitte
S3/5/7/9: Hackescher Markt
✆ (030) 24 72 26 88, www.riva-berlin.de
Di–Sa ab 18 Uhr
Trendige Bar mit Gartenterrasse in einem S-Bahn-Bogen nahe dem Hackeschen Markt. 160 verschiedene Mixgetränke.

Tentación Mezcalothek ➡ E12/13
Scharnweber Str. 32, Friedrichshain
U5: Samariterstraße
✆ (030) 23 93 04 01
www.tentacionmezcalothek.de
Di–Sa 17–24, So 12–24 Uhr
Die »Verführung« gilt dem Agavenschnaps Mezcal, dem handgemachten rauen »Vater« des industriell glatten Tequila, von Fernando aus Oaxaca eingeführt. Der Laden ist fröhlich-mexikanisch dekoriert. Dienstags gibt es Tacos, sonntags Brunch. Und selbst gebrautes Craft Bier ist auch im Angebot.

Victoria Bar ➡ F6
Potsdamer Str. 102, Tiergarten
U1: Kurfürstenstraße

✆ (030) 25 75 99 77, www.victoriabar.de
Tägl. ab 18.30 Uhr
Angenehm stilvolle Cocktailbar, in der »serious drinking« ernst genommen wird. Kleine Speisen.

Clubs und Diskotheken

Clubs haben ihre speziellen Regeln und Rituale, die nicht immer vorhersehbar und gelegentlich auch von der Tagesform der Türsteher abhängig sind. Um sicherzugehen, dass man auch reinkommt: vorher anrufen oder sich über die Website informieren. Manche haben eine Gästeliste, andere setzen auf Anstehen.

Clärchens Ballhaus ➡ C8
Auguststr. 24, Mitte
S1/2/25: Oranienburger Straße
✆ (030) 282 92 95
www.ballhaus.de
Tägl. ab 11 Uhr
Seit über 100 Jahren wird hier geschwoft: Im weitgehend original erhaltenen Festsaal gibt es täglich Tanz, zum Teil mit Einführungskurs. Im nostalgischen Spiegelsaal finden gelegentlich Sonntagskonzerte statt und im Sommer wird einmal monatlich Gipsy Jazz zum Dinner geboten. Mit Biergarten.

Festsaal in Clärchens Ballhaus

Frannz ➡ B9
Schönhauser Allee 36, Kulturbrauerei, Prenzlauer Berg
U2: Eberswalder Straße
✆ (030) 726 27 93 33, www.frannz.de
Tägl. außer Mo ab 21 Uhr
Der legendäre Club, der 1970–97 die Ost-Berliner Institution für Rock, Jazz und Soul war, bietet jetzt eine Kombination aus schickem Konzert-Club, Bar-Lounge, Restaurant und Biergarten.

Hafenbar ➡ C7
Karl-Liebknecht-Str. 11, Mitte
U/S-Bahn: Alexanderplatz
www.hafenbar-berlin.de
Fr/Sa ab 21 Uhr
Freitags Schlagerparty, samstags Kaptains Club, dazu wird getanzt.

House of Weekend ➡ D9
Alexanderstr. 7, Mitte, U/S-Bahn: Alexanderplatz
✆ (0152) 24 29 31 40, www.houseofweekend.berlin
Ab Do 23 bis So 6 Uhr
Coole Location für heiße Partynächte: Edel gestylter Club für die Schönen der Welt und junge Kreative. Gefeiert wird mit guten Drinks und angesagten DJs.

Disko mit Seemannsambiente: die Hafenbar in Berlin-Mitte

Von der Dachterrasse des House of Weekend genießen die Partygäste einen imposanten Ausblick

Getanzt wird im 15. Stock zu House, Latin und Elektrosound. Der Sommerhit ist die Dachterrasse mit bestem Blick auf das Lichtermeer der Stadt – und den Sonnenaufgang.

AVA Club ➡ F12
Warschauer Platz 18, U: Warschauer Straße
Mi–So ab 23 Uhr, mittwochs Techno
Direkt an der Warschauer Brücke. Zum Tanzen, Trinken und Chillen zu moderaten Preisen.

Klunkerkranich ➡ H10
Karl-Marx-Str. 66, Neukölln, U7: Rathaus Neukölln
www.klunkerkranich.de
15. April–15. Okt. tägl. 12–2, März–14. April und 16. Okt.–31. Dez. Mi–Fr 16–2, Sa/So 12–2 Uhr, jeweils ab 16 Uhr Programm, Eintritt (ab 16 Uhr) € 3
Das begrünte Parkdeck eines Einkaufszentrums ist ein idealer Ort zum Abhängen, Musik hören, Tanzen, Trinken, Quatschen – und um den wunderbaren Ausblick über Berlin zu genießen. Auf zwei Dance- und Musicfloors sowie in zwei gemütlichen Hütten gibt es ein vielfältiges Programm – und Gastronomie.

Sage Club ➡ E9
Köpenicker Str. 76, Mitte, U8: Heinrich-Heine-Straße
✆ (030) 278 98 30, www.sage-club.de

Der Sage Club ist stadtweit bekannt

Zwei Livekonzerte und DJs auf drei Floors und im Garten. Musik aller Stilrichtungen von Rock und Pop über Indie und Hip-Hop bis Metal und Punk.

Tresor Club ➡ E9/10
Köpenicker Str. 70, Mitte, U8: Heinrich-Heine-Straße
www.tresorberlin.com
Mo, Mi–Sa meist ab 24 Uhr
Der legendäre Club, der seinen Namen der ersten Location in einer ehemaligen Bank verdankt, heizt im einstigen Heizkraftwerk Mitte mit Techno ein. Junges, internationales Publikum.

Water Gate ➡ F11
Falckensteinstr. 49, Kreuzberg, U1: Schlesisches Tor
✆ (030) 61 28 03 96, www.water-gate.de
Mi–Sa ab 24 Uhr
Fantastische Lage direkt an der Spree mit Blick durch große Fenster auf das Wasser und die Oberbaumbrücke. Im Sommer mit schwimmender Terrasse.

Jazzclubs

A-Trane ➡ E3
Pestalozzistr. 105, Charlottenburg
S3/5/7/9: Savignyplatz
✆ (030) 313 25 50, www.a-trane.de
Tägl. ab 20, Konzerte 21, Jamsession So 24 Uhr (Eintritt frei)
Modern Jazz, Avantgarde.

Musik auf der Bühne: Bill Stevans und Mike Stern im A-Trane

Das A-Trane in Charlottenburg ist ein beliebter Treffpunkt für Jazzfans

Badenscher Hof ➡ H3
Badensche Str. 29, Wilmersdorf
U7/9: Berliner Straße
✆ (030) 861 00 80, www.badenscher-hof.de
Mo–Fr ab 16, So ab 18, Konzerte Di/Mi, Fr/Sa 21 Uhr
Jazzclub, Musikcafé, Restaurant.

b-flat ➡ D9
Dircksenstr. 40, Mitte
U8: Weinmeisterstraße
✆ (030) 283 31 23, www.b-flat-berlin.de
Tägl. ab 20, Konzerte 21 Uhr
Modern Jazz aus Berlin oder mit internationalen Gästen; täglich Liveprogramm.

Quasimodo ➡ F3
Kantstr. 12 A, Charlottenburg
U1: Uhlandstraße
✆ (030) 31 80 45 60, www.quasimodo.de
Do–Sa ab 21, Livemusik ab 22 Uhr
Beliebter Jazzkeller mit Tradition unter dem Delphi-Filmpalast. Auftritte von jungen Talenten und Stars der Szene. Auch Funk, Soul, Latin, Blues, Rock.

Yorckschlösschen ➡ G7
Yorckstr. 15, Kreuzberg, U6/7: Mehringdamm
✆ (030) 215 80 70, www.yorckschloesschen.de
Tägl. ab 10, Mitte Okt.–Mitte April ab 17, So 10–15 Uhr
Mi, Fr/Sa ab 21 und So zum Brunch ab 11 Uhr Livemusik, im Winter auch Do/Fr; auch Frühstück

Yorckschlösschen: Leuchtturm der Jazz- und Bluesszene

Seit über 100 Jahren eine Institution und seit den 1970er Jahren eine »Heimat für Jazz und Blues« aus Berlin. Nostalgische Einrichtung, schöner Sommergarten.

Zig Zag Jazz Club ➡ J4
Hauptstr. 89, Friedenau
U-/S-Bahn, Bus M48/M85: Innsbrucker Platz
✆ (030) 94 04 91 47, www.zigzag-jazzclub.berlin
Mi–Sa ab 20, Di, So ab 19.30 Uhr
Lokale und internationale Musiker in Wohnzimmeratmosphäre.

Zosch ➡ C/D8
Tucholskystr. 30, Mitte
S1/2/25: Oranienburger Straße
✆ (030) 2807664
www.zosch-berlin.de
Tägl. außer So ab 16 Uhr, Konzerte Mi/Do 20, Fr/Sa 21 Uhr
In einem Haus, das noch so aussieht wie zu DDR-Zeiten, gibt es vorwiegend Jazziges.

Karaoke

Bearpit Karaoke im Mauerpark ➡ B8
Mauerpark, Bernauer Str., Mitte
U2: Eberswalder Straße
So ab 15 Uhr, unregelmäßig
In der »Bärengrube« des Amphitheaters im Mauerpark kann jeder seine Stimme ertönen lassen. Die Musik liefert der Ire Joe Hatchiban, der ein Lastenfahrrad zur Karaokestation umfunktioniert. ■

Konzerthaus Berlin am Gendarmenmarkt

Kultur und Unterhaltung
Konzert, Oper, Musical, Ballett, Theater, Kabarett, Varieté, Revue, Kinos

150 Kulturveranstaltungen sind täglich in der Hauptstadt zu erleben – dafür sorgen u. a. drei Opernhäuser von internationalem Format, die Berliner Philharmoniker und sieben weitere Sinfonieorchester, dazu Kammermusikensembles, Solisten und Chöre. Das Entertainment führt der Friedrichstadtpalast an. Zudem gibt es 25 etablierte Sprechbühnen mit eigener Spielstätte und jede Menge freie Gruppen, Off- und Kieztheater. Wer Tickets für eine bestimmte Aufführung haben möchte, sollte frühzeitig bestellen beim jeweiligen Veranstalter oder den unter Infos und Tickets genannten Stellen. Für Kurzentschlossene gibt es die Last-Minute-Kasse.

Infos und Tickets
www.berlin-buehnen.de
www.ticketonline.de
www.visitberlin.de

Highlight im Sommer: Classic Open Air am Gendarmenmarkt

Hekticket
Karl-Liebknecht-Str. 13 ➡ E8
Hardenbergstr. 29 D ➡ D9
✆ (030) 230 99 30, www.hekticket.de
Tägl. außer So ab 14 Uhr

Konzert

Weitere Veranstaltungsorte: S. 212 ff.

Berliner Residenz Konzerte ➡ D1
Große Orangerie im Schloss Charlottenburg
Spandauer Damm 22–24
Charlottenburg
S41/42/46: Westend
✆ (030) 25 81 03 50, www.residenzkonzerte.berlin
Musik am Preußischen Hof, auf Wunsch mit Schlossbesichtigung und Candle-Light-Dinner.

Konzerthaus Berlin ➡ E8
Gendarmenmarkt, Mitte
U2/6: Stadtmitte
✆ (030) 203 09 21 00, www.konzerthaus.de
Stammhaus des Konzerthausorchesters; viele interessante Reihen, auch für Kinder.

Altehrwürdig und modern

Berliner Philharmoniker

Berlin

Die Liste der Stars, die hier aufgetreten sind, ist unendlich lang. Unter Chefdirigenten wie Wilhelm Furtwängler oder Herbert von Karajan, prägenden Dirigentenpersönlichkeiten des 20. Jahrhunderts, erlangte die Berliner Philharmonie Weltgeltung. Zahlreiche Werke namhafter Komponisten wie Rachmaninow, Prokofjew, Strawinsky oder Ravel wurden durch das Orchester, in dem heute etwa 130 Musiker spielen, uraufgeführt. Die ersten Konzerte des am 1. Mai 1882 gegründeten Orchesters fanden unter dem Namen »Frühere Bilsesche Kapelle« in dem Charlottenburger Gartenlokal »Flora« statt. 1888 wurde die ehemalige Rollschuhbahn zur Philharmonie, das heißt zum bestuhlten Konzertsaal ohne Tische, umgebaut. Der erste Chefdirigent war Ludwig von Brenner, ihm folgte 1887 bis 1893 Hans von Bülow. Nach von Bülows Ausscheiden blieb das Orchester zwei Jahre ohne Chefdirigenten, bis Arthur Nikisch das Amt »auf Lebenszeit« übernahm und die Philharmoniker in 27 Jahren zu europaweitem Ruhm führte. Ihm folgten Wilhelm Furtwängler (1922–45 und 1952–54), Herbert von Karajan (1954–89), Claudio Abbado (1989–2002) und Sir Simon Rattle, der 2019 vom Russen Kirill Petrenko abgelöst wurde.

Nachdem das alte Stammhaus der Philharmoniker im Zweiten Weltkrieg zerstört worden war, gewann der Architekt Hans Scharoun 1956 mit seinem Entwurf den Wettbewerb für den Neubau eines Konzertsaals für das Berliner Philharmonische Orchester. Sein visionäres Konzept erregte aber auch viele Gemüter; der Bau (1960–63) musste gegen Widerstände durchgesetzt werden. Mittlerweile ist der Konzertsaal am Kemperplatz mit seiner einzigartigen Architektur und Akustik Vorbild für viele Konzertsäle. Die 2400 Sitzplätze sind um die Bühne herum angeordnet, keiner ist mehr als 30 Meter von ihr entfernt. Die Philharmonie kann auch außerhalb der Konzerte besucht werden – virtuell im Internet oder mit einer Führung vor Ort.

Info: In Berlin-Tiergarten gelegen. **Info Berliner Philharmoniker:** Berliner Philharmonie, Herbert-von-Karajan-Str. 1, 10785 Berlin, Tel. (030) 254 88-0, www.berliner-philharmoniker.de. **Reisezeit:** Sept.–Juni, Berliner Festspiele im Sept.

Die Heimstätte der Berliner Philharmoniker, entworfen von Hans Scharoun.

Königliche Weihnachten bei einem Berliner Residenz Konzert

Philharmonie und Kammermusiksaal ➡ E6
Herbert-v.-Karajan-Str. 1, Mitte
S-/U-Bahn: Potsdamer Platz
✆ (030) 25 48 80
www.berliner-philharmoniker.de
Nach dem Weggang von Simon Rattle übernimmt Kirill Petrenko als Chefdirigent Berlins Spitzenorchester.

Pierre Boulez Saal ➡ E8
Französische Straße 33 D
✆ (030) 47 99 74 11, www.boulezsaal.de
Stararchitekt Frank Gehry entwarf den außergewöhnlichen ovalen Kammermusiksaal für die Barenboim-Said-Akademie. Konzerte mit Studierenden der Musikakademie und internationalen Spitzenkünstlern.

Oper, Musical, Ballett

Deutsche Oper Berlin ➡ E2
Bismarckstr. 35, Charlottenburg
U2: Deutsche Oper

Deutsche Oper an der Bismarckstraße

Inszenierung von »My Fair Lady« an der Komischen Oper Berlin

✆ (030) 34 38 43 43
www.deutscheoperberlin.de
Das größte Opernhaus der Stadt. Klassisches Repertoire und moderne Opern.

Komische Oper Berlin ➡ E7
Behrenstr. 55–57, Mitte, U6: Französische Straße
✆ (030) 47 99 74 00
www.komische-oper-berlin.de
Frische, intelligent-vergnügliche Inszenierungen, auch Operetten.

Neuköllner Oper ➡ J11
Karl-Marx-Str. 131–133, Neukölln
U7: Karl-Marx-Straße
✆ (030) 68 89 07 77
www.neukoellneroper.de
Originelles Off-Musiktheater, das Eigenproduktionen sowie internationale Ur- und Erstaufführungen auf die Bühne bringt.

Staatsballett Berlin
✆ (030) 206 09 26 30
www.staatsballett-berlin.de
Das größte Ballettensemble Deutschlands tritt auf allen drei großen Opernbühnen auf.

Ballerina des Staatsballetts Berlin in »La Bayadere«

Bühne der Staatsoper Unter den Linden

Staatsoper Unter den Linden ➡ D/E8
Unter den Linden 7, Mitte
Bus 100/200/TXL: Staatsoper
✆ (030) 20 35 45 55 (Kasse)
www.staatsoper-berlin.de
Mozart, Verdi, Wagner, Strauss, aber auch Zeitgenössisches Musiktheater und Barocktage stehen auf dem Spielplan.

Theater des Westens ➡ F3
Kantstr. 12, Charlottenburg
S-/U-Bahn: Zoologischer Garten
✆ 01805-4444, www.stage-entertainment.de
Musical-Theater mit Tradition.

Theater

Berliner Ensemble ➡ D7
Bertolt-Brecht-Platz 1, Mitte
S-/U-Bahn: Friedrichstraße
✆ (030) 284080, (030) 28408-155 (Kasse)
www.berliner-ensemble.de

Das 1891 erbaute Theater war Brechts Bühne. Intendant Oliver Reese, Claus Peymanns Nachfolger, bringt auch Klassiker radikal zeitgemäß auf die Bühne.

»The Band«, seit April 2019 im Theater des Westens

Deutsches Theater/Kammerspiele ➡ D7
Schumannstr. 13 A, Mitte
U6: Oranienburger Tor
✆ (030) 28441-225, -226
www.deutschestheater.de
Klassiker und zeitgenössische Dramatik.

Gorki ➡ D8
Am Festungsgraben 2, Mitte
S-/U-Bahn: Friedrichstraße
✆ (030) 20 22 11 15, www.gorki.de
Ein internationales Ensemble unter Leitung der Intendantin Shermin Langhoff konfrontiert klassische und neue Stoffe mit den Realitäten der Stadt.

Grips-Theater
Altonaerstr. 22, Tiergarten ➡ D4
U9: Hansaplatz
Grips im Podewil: Klosterstr. 68 Mitte ➡ D9
U2: Klosterstraße
✆ (030) 39 74 74 77, www.grips-theater.de
Eines der berühmtesten (Kinder-) Theater der Welt mit aktuellen Themen und dem Hit »Linie 1«.

Szene aus »Alle außer das Einhorn« im Grips-Theater

Hebbel am Ufer ist mit drei Bühnen breit aufgestellt

HAU Hebbel am Ufer ➡ F7
Stresemannstr. 29, Kreuzberg
U1/6: Hallesches Tor
✆ (030) 25 90 04 27
www.hebbel-am-ufer.de
Drei Spielstätten im Umfeld für Avantgarde, Performance und innovative Projekte.

Renaissance-Theater ➡ E3
Knesebeckstr. 100, Charlottenburg
U2: Ernst-Reuter-Platz
✆ (030) 312 42 02, www.renaissance-theater.de
Einziges Art-déco-Theater Europas; bestes Unterhaltungstheater.

Schaubühne am Lehniner Platz ➡ F2
Kurfürstendamm 153, Wilmersdorf
U7: Adenauerplatz
✆ (030) 89 00 23 (Kasse)
www.schaubuehne.de
Aktuelle Inszenierungen zeitgenössischer wie klassischer Dramen.

Volksbühne ➡ C9
Rosa-Luxemburg-Platz, Mitte
U2: Rosa-Luxemburg-Platz
✆ (030) 24 06 57 77, www.volksbuehne-berlin.de
Unter Intendant Klaus Dürr geht ein neues Ensemble an den Start.

Die Volksbühne am Rosa-Luxemburg-Platz

Prime Time Theater

Kabarett

Die Wühlmäuse ➡ bB1
Berliner Kabarett-Theater
Pommernallee 2–4, Charlottenburg
U2: Theodor-Heuss-Platz
✆ (030) 30 67 30 11, www.wuehlmaeuse.de
Die Stars des Kabaretts zu Gast bei Didi Hallervorden.

Mehringhof Theater ➡ G7
Gneisenaustr. 2A, Kreuzberg
U6/7: Mehringdamm
✆ (030) 691 50 99, www.mehringhoftheater.de
Politisches Kabarett.

Kieztheater

Heimathafen Neukölln ➡ J11
Karl-Marx-Straße 141, Neukölln
U7: Karl-Marx-Straße
✆ (030) 56 82 13 33, 61 10 13 13
www.heimathafen-neukoelln.de
Volkstheater von Pop bis Comedy (nicht nur) für das Neuköllner Volk.

Prime Time Theater ➡ B6
Müllerstraße 163, Wedding, Eingang Burgsdorfstraße
U6/S41/42: Wedding
✆ (030) 49 90 79 58, www.primetimetheater.de
»Gutes Wedding, schlechtes Wedding«: Die Theater-Soap ist Kult!

Beeindruckend: der Admiralspalast in der Friedrichstraße

Varieté, Revue, Show

Admiralspalast ➡ D7
Friedrichstr. 101–102, Mitte
U6: Französische Straße
✆ (030) 32 53 31 30, 22 50 70 00 (Tickets)
www.admiralspalast.de
Konzerte, Kabarett, Shows in historischem Ambiente.

Bar jeder Vernunft ➡ F3
Schaperstr. 24, Wilmersdorf
U3/9: Spichernstraße
✆ (030) 883 15 82, www.bar-jeder-vernunft.de
In dem Jugendstil-Spiegelzelt treten die großen Stars der Kleinkunst und junge Unbekannte auf.

Bluemax Theater ➡ E/F6
Marlene-Dietrich-Platz 4, Mitte
S-/U-Bahn: Potsdamer Platz
✆ 01805-4444, www.stage-entertainment.de
Show der Blue Man Group.

Chamäleon ➡ D8
Rosenthaler Str. 40/41, Mitte
S3/5/7/9: Hackescher Markt
✆ (030) 400 05 90, www.chamaeleon-variete.de
Hochkarätige Artistik-Shows in einem tollen Jugendstil-Ballsaal.

Tanzszene aus »Circa's Peepshow« im Chamäleon

Friedrichstadtpalast ➡ D7/8
Friedrichstr. 107, Mitte
U6: Oranienburger Tor
✆ (030) 23 26 23 26, www.palast.berlin
Spektakuläre Artistik- und Ausstattungsrevuen auf der größten Theaterbühne der Welt.

Wintergarten Varieté Berlin

TIPI – Das Zelt am Kanzleramt ➡ D6
Große Querallee, Mitte
U55: Bundestag
✆ (030) 39 06 65 50, www.tipi-das-zelt.de
Highlights aus Show, Chanson und Kabarett.

Wintergarten Varieté Berlin ➡ F6
Potsdamer Str. 96, Tiergarten
U1: Kurfürstenstraße
✆ (030) 58 84 33, www.wintergarten-berlin.de
Berlins Hotspot für First Class Entertainment & Dining.

Kinos, Kulturzentren

Arena Berlin ➡ G12
Eichenstr. 4, Treptow
S8/9/41/42/85: Treptower Park
✆ (030) 533 20 30, www.arena-berlin.de
Große Events, Konzerte, Theater in einem ehemaligen Busdepot; mit Strandbar und Badeschiff.

Die Konzerthalle von Arena Berlin bietet Platz für bis zu 9.000 Gäste

Astor Film Lounge

Astor Film Lounge ➡ F3/4
Kurfürstendamm 225, Charlottenburg
U1/9: Kurfürstendamm
✆ (030) 883 85 51, www.astor-filmlounge.de
Luxuskino u. a. mit Bedienung.

Avantgardistische Filme sind im Kino Arsenal zu sehen

Babylon Mitte ➡ D9
Rosa-Luxemburg-Str. 30, Mitte
U2: Rosa-Luxemburg-Platz
✆ (030) 242 59 69, www.babylonberlin.de
Kino aus den 1920er Jahren: u. a. Stummfilme mit Livebegleitung auf der Kino-Orgel.

Kino Arsenal ➡ E6
Potsdamer Str. 2, Tiergarten
S-/U-Bahn: Potsdamer Platz
✆ (030) 26 95 51 00, www.arsenal-berlin.de
Avantgarde, Retrospektiven.

Ufa-Fabrik ➡ dC5
Viktoriastr. 10–18, Tempelhof
U6: Ullsteinstraße, ✆ (030) 75 50 30, www.ufafabrik.de
Kino, Theater, Kleinkunst, Tanz und mehr auf einstigem Filmgelände. ■

Shopping
Kaufhäuser, Einkaufszentren, Buchhandlungen, Märkte, Mode, Souvenirs, Spezialgeschäfte

Berlin hat Dutzende von Einkaufszentren und jeder Bezirk, jeder Kiez hat seine traditionelle Einkaufsstraße, die sich weiterhin gegen die modernen Shoppingmalls behauptet. Große Kauf-/Bekleidungshäuser finden sich u. a. am **Kurfürstendamm/Tauentzienstraße** ➡ F3/4, in der Fußgängerzone **Wilmersdorfer Straße** ➡ E2 und der Steglitzer **Schloßstraße**. Der Kurfürstendamm ist zwischen Bleibtreustraße und Olivaer Platz ➡ F2/3 erste Adresse für teure Designer-Marken. Teuer geht es auch in diversen Modeläden in der Friedrichstraße zu. Boutiquen in der **Mulackstraße** setzen auf angesagte Modelabels. Originelle Geschäfte und Boutiquen finden sich in den Kudamm-Seitenstraßen, in **Kreuzberg** in der Bergmannstraße ➡ G8/9, in **Schöneberg** rund um den Winterfeldtplatz ➡ G5, in Mitte um die **Hackeschen Höfe** (Rosenthaler Straße, Neue Schönhauser Straße, Heckmann-Höfe) ➡ C/D8/9 sowie in **Prenzlauer Berg** in der Kastanienallee und Oderberger Straße ➡ B9.

In 180 Geschäften kann man im Alexa einkaufen

Kaufhäuser und Einkaufszentren

Alexa ➡ D9
Grunerstr. 20, Mitte
S-/U-Bahn: Alexanderplatz
Tägl. außer So 10–21 Uhr
Der riesige rosa Bau ist keine architektonische Schönheit, hat aber mit rund 180 Geschäften (Mode, Kosmetik, Bücher, Elektronik) und Gastronomie großen Zulauf.

Bikini Berlin ➡ F4
Budapester Str. 38–50, Charlottenburg
S/U-Bahn: Zoologischer Garten, U1/9: Kurfürstendamm
Shops tägl. außer So 10–20 Uhr
Mall tägl. außer So 9–21 Uhr
Terrasse tägl. 9–22 Uhr
Einkaufszentrum und zugleich Sehenswürdigkeit. Highlights sind eine Glasfassade mit Blick auf den Affenfelsen im Zoo und die große Dachterrasse. Im Angebot sind u. a. schicke Mode und Accessoires, Souvenirs, originelles Design sowie Gastronomie.

Galeries Lafayette ➡ E8
Friedrichstr. 76–78, Mitte
U6: Französische Straße
Tägl. außer So 10–20 Uhr

Einkaufszentrum und Sehenswürdigkeit zugleich: Bikini Berlin

Das Shoppingcenter LP12 Mall of Berlin beherbergt über 270 Geschäfte

Das französische Kaufhaus bietet vor allem französische Mode, ausgefallene Accessoires, Kosmetikprodukte. Gourmet-Abteilung.

KaDeWe – Kaufhaus des Westens ➡ F4
Tauentzienstr. 21–24, Schöneberg
U1/2/3: Wittenbergplatz
✆ (030) 212 10, www.kadewe.de
Mo–Do 10–20, Fr 10–21, Sa 9.30–20 Uhr
Größtes Kaufhaus Kontinentaleuropas mit riesiger Auswahl und noblen Marken – und eine Sehenswürdigkeit. Weltberühmt ist die Feinschmeckeretage: An rund 20 Gourmetständen kann man frisch zubereitete Köstlichkeiten genießen. Das Restaurant Wintergarten in der siebten Etage bietet frisch zubereitetes Streetfood an.

LP12 Mall of Berlin ➡ E7
Leipziger Platz, Mitte, S/U-Bahn: Potsdamer Platz
www.mallofberlin.de
Tägl. außer So 10–21 Uhr
Shoppingcenter mit überdachter Flaniermeile, rund 270 Geschäften und viel Gastronomie.

Buchhandlungen

Bücherbogen am Savignyplatz ➡ F3
Stadtbahnbogen 593, Charlottenburg
S3/5/7/9: Savignyplatz

110 Jahre Luxus

KaDeWe – Kaufhaus des Westens

Berlin

Das Kaufhaus des Westens – kurz KaDeWe – hat 2017 seinen 110. Geburtstag mit zwei Sonntagsbrunches und jeweils 2000 Gästen gefeiert. Die Geschichte dieser Berliner Institution begann im März 1907: Nachdem der Berliner Kaufmann Adolf Jandorf bereits sechs Warenhäuser für den einfachen Bedarf in Berlin betrieb, wollte er mit einem Neubau auch gehobene Konsumwünsche erfüllen. Der mit Konzeption und Durchführung beauftragte Architekten Johann Emil Schaudt entwarf das fünfgeschossige Gebäude im neoklassizistischen Stil.

Wenn eines der größten Kaufhäuser Europas mit 60000 Quadratmetern Verkaufsfläche heutzutage einen runden Geburtstag feiert, sind natürlich alle zu einer Party eingeladen. Einer hat allerdings lebenslänglich Hausverbot: der Bombenleger und Erpresser »Dagobert«, der Ende der 1980er Jahre auf spektakuläre Weise für Schrecken und beträchtlichen Schaden sorgte.

KaDeWe – Kaufhaus des Westens – am Wittenbergplatz.

»Geiz ist geil«, dieser Slogan hat für das KaDeWe noch nie gegolten und wird es wohl auch in Zukunft nicht. Schnäppchenjäger können also getrost einen Bogen um das KaDeWe machen, denn hier wird edel und fein geshoppt.

Schon seit der Eröffnung gilt nach amerikanischem Vorbild das Store-in-Store-Prinzip mit vielen Geschäften unter einem Dach. So findet man so gut wie alle Marken von Weltruf – und auch schon mal eine Handtasche zum Preis eines Sportwagens. Ein legendärer Besuchermagnet ist die Feinkostabteilung in der sechsten Etage. Auf 8000 Quadratmetern breitet sich die bekannteste Schlemmermeile Deutschlands aus, rund 500 Mitarbeiter, davon 150 Köche, sorgen für das leibliche Wohl der Besucher.

Ungefähr 50000 Besucher zählt das KaDeWe an normalen Tagen, den größten Ansturm erlebte es nach dem Fall der Mauer 1989, als Zigtausende DDR-Bürger den Konsumtempel stürmten – die meisten allerdings nur zum Schauen.

Seit Frühjahr 2016 wird das Haus für 180 Millionen Euro noch einmal komplett umgestaltet: Unter Führung des Stararchitekten Rem Koolhaas soll es in sechs Jahren Umbauzeit eine ganz andere, moderne Aufteilung inklusive neuer, futuristischer Rolltreppentürme erhalten. Auch eine spektakuläre Dachterrasse ist geplant. Die Erfolgsgeschichte des KaDeWe geht weiter!

Info: In Berlin-Schöneberg gelegen. **Info KaDeWe – Kaufhaus des Westens:** Tauentzienstr. 21–24, 10789 Berlin, Tel. (030) 21 21-0, www.kadewe.de, Öffnungszeiten Mo–Do 10–20, Fr 10–21, Sa 9.30–20 Uhr

Eine große Auswahl an Sachbüchern findet man im Bücherbogen am Savignyplatz

✆ (030) 31 86 95 10
www.buecherbogen-shop.de
Mo–Fr 10–20, Sa 10–19 Uhr
Große Auswahl zu Architektur, Kunst, Film, Bühne und mehr.

Buchhandlung Walther König
In den Häusern der Staatlichen Museen, im Deutschen Historischen Museum und im Gropius Bau
Großes Sortiment mit den Schwerpunkten Kunst, Film, Fotografie und Architektur, abgestimmt auf die jeweiligen Ausstellungen und Sammlungen.

Grober Unfug ➡ C9
Torstr. 75, Mitte
U2: Rosa-Luxemburg-Platz
✆ (030) 281 73 31, www.groberunfug.de
Mo–Fr 11–19, Sa 11–18 Uhr
Alles, was der Comic-Markt zu bieten hat, ist hier zu finden.

Was auch immer das Comic-Herz begehrt – bei Grober Unfug steht es im Regal

Kulturkaufhaus Dussmann ➡ D7
Friedrichstr. 90, Mitte
S-/U-Bahn: Friedrichstraße
✆ (030) 20 25 11 11
Mo–Fr 10–24, Sa 10–23.30 Uhr
Bücher, CDs und DVDs in großer Auswahl. Eine Oase ist der vertikale Garten mit Café.

Die Friedrichstraße gehört zu den schicksten Einkaufsstraßen Berlins

Kunst- und Trödelmärkte

Berliner Antik- und Flohmarkt ➡ D7/8
Georgenstr., S-Bahn-Bogen Friedrichstr. 190–203, Mitte
S-/U-Bahn: Friedrichstraße
✆ (030) 208 26 55
Tägl. außer Di 11–18 Uhr
Über 20 Händler bieten Antiquitäten, Kunsthandwerk, Porzellan, Schmuck und Bücher an. Berlinisch-Deftiges gibt's im Restaurant »Zur Nolle« oder im »Café Leon«.

Berliner Kunstmarkt an der Museumsinsel ➡ D8
Am Zeughaus, Mitte, S-/U-Bahn: Friedrichstraße
Sa/So 11–17 Uhr
Originelles und kreatives Kunsthandwerk und Design, modische Accessoires, Malerei, Fotographie u. a.

Original Berliner Trödelmarkt ➡ E4–6
Straße des 17. Juni, Tiergarten
S-Bahn: Tiergarten
Sa/So 10–17 Uhr
Kunst und Kitsch, Klamotten und Antiquitäten.

Nowkoelln Flowmarkt ➡ G10
Maybachufer 31, Neukölln
U8: Schönleinstraße
April–Nov. 1. und 3. So 10–17 Uhr

Berliner Kunstmarkt an der Museumsinsel

Kleidersuche auf dem Nowkoelln Flowmarkt

Im Angebot ist eine bunte Mischung aus Kunst und Trödel, dazu legen DJs auf.

Trödelmarkt am Arkonaplatz ➡ B8
Arkonaplatz 1, Mitte, U8: Bernauer Straße
So 10–16 Uhr
Kiez-Flohmarkt mit Büchern, Kleidung und Möbeln.

Trödelmarkt am Boxhagener Platz ➡ E4–6
Boxhagener Platz, Friedrichshain
U5: Frankfurter Tor
So 10–18 Uhr
Beliebter Flohmarkt im Herzen Friedrichshains.

Wochenmärkte

Wochenmärkte finden in allen Bezirken statt, in Charlottenburg auf dem Karl-August-Platz ➡ E2 (Mi 8–13, Sa 8–14 Uhr). Ein »In«-Markt ist der Wochenmarkt in Schöneberg, Winterfeldtplatz ➡ G5 (Mi 8–14 und Sa 8–16 Uhr). Danach trifft man sich in den umliegenden Cafés. Ähnlichen Status hat der Ökomarkt am Kollwitzplatz, Prenzlauer Berg ➡ B9 (Do 12–19; Wochenmarkt Sa 9–16 Uhr). Der türkisch geprägte Neuköllner Markt am Maybachufer ➡ G10 (Di und Fr 11–18.30 Uhr) bietet eine große Auswahl an Gemüse und exotischen Kräutern. Ein Berlin-Brandenburger Bauernmarkt findet am Wittenbergplatz ➡ F4 (Do 10–18 Uhr) statt. Auf der Domäne Dahlem (Landgut und Museum) gibt es Sa 8–13 Uhr einen Ökomarkt.

Auf dem Markt am Maybachufer darf gefeilscht werden

Rund um die Weinmeisterstraße finden sich viele Boutiquen

Mode und Accessoires

Fête de la Boutique ➡ C9
Mulackstr. 11, Mitte, U8: Weinmeisterstraße
✆ (030) 23 35 74 11, www.fetedelaboutique.com
Tägl. außer So 12–19 Uhr
Damenmode, Accessoires, Kosmetik, Schmuck und schöne Dinge für die Wohnung.

Filippa K ➡ D9
Alte Schönhauser Str. 11, Mitte, U8: Weinmeisterstraße
✆ (0173) 889 03 47, www.filippa-k.com
Tägl. außer So 11–19 Uhr
Lässig-elegante Mode für sie und ihn, hergestellt unter nachhaltigen Bedingungen. Zudem Accessoires von Kopf bis Fuß.

Frey Wille ➡ F3
Kurfürstendamm 50, Charlottenburg
S3/5/7/9: Savignyplatz, Bus M19/M29: Bleibtreustraße
Mo–Fr 10–19, Sa 10–16 Uhr
Emailleschmuck, Schals und Taschen mit fantasievollem Design, inspiriert von Kunst des 20. Jh. Weitere Filialen im Domquarée (Karl-Liebknecht-Str. 3) und der Alexa Shoppingmall.

Lisa D. Fashion ➡ G5
Frankenstr. 1, Schöneberg
U7: Eisenacher Straße
✆ (030) 23 62 97 14, www.lisad.com
Mo–Fr 11–19, Sa 11–16 Uhr
Stil- und fantasievolle Mode.

Souvenirs und Spezialgeschäfte

Ampelmann-Shop
– Rosenthaler Str. 40/41
Hackesche Höfe, Hof 5, Mitte ➡ D8
S3/5/7/9: Hackescher Markt
– Potsdamer Platz Arkaden, Basement, Tiergarten ➡ E6
S-/U-Bahn: Potsdamer Platz
✆ (030) 44 04 88 01, www.ampelmann.de
Das DDR-Ampelmännchen steht in Rot und läuft in Grün – u. a. als Schlüsselanhänger, Leuchtfigur, Buchstütze, Keksausstecher oder Korkenzieher und schmückt T-Shirts und andere Wäschestücke. Sechs weitere Filialen an touristischen Hotspots.

DIM – Die Imaginäre Manufaktur ➡ F10
Oranienstr. 26, Kreuzberg
U1/8: KottbusserTor
✆ (030) 285 03 01 12, www.dim-berlin.de
Mo–Fr 8–18, Sa 10–17 Uhr
Holzspielzeug, Schachtelsysteme, Bürsten in Form des Brandenburger Tors oder als Berliner Bär: Nütz-

Schicke Damenmode im Fête de la Boutique

liches im hübschen Design, hergestellt von Blinden und Sehbehinderten. Laden mit gemütlichem Café.

Fassbender & Rausch ➡ E8
Charlottenstr. 60, Mitte (Gendarmenmarkt)
U2/6: Stadtmitte
✆ (030) 75 78 80, www.rausch.de
Mo–Sa 10–20, So 11–20 Uhr
Europas größter Schokoladenladen verführt mit exquisiten Köstlichkeiten – zum Selberessen oder Verschenken. Nicht zu kaufen sind die großen Nachbildungen von Reichstag oder Gedächtniskirche – ganz aus Schokolade. Mit Schokoladen-Café und Live Patisserie.

KPM – Königliche Porzellan-Manufaktur & Café ➡ E4
Wegelystr. 1, Charlottenburg, S3/5/7/9: Tiergarten
✆ (030) 39 00 90, www.kpm-berlin.de
Tägl. außer So 10–18 Uhr
Eintritt Erlebnisausstellung € 10/5
Die effektvoll inszenierte Dauerausstellung »KPM WELT« zeigt kostbare Schaustücke aus drei Jahrhunderten und gibt außerdem Einblicke in den Herstellungsprozess. Die edlen Kostbarkeiten aus »weißem Gold« werden in der Verkaufsausstellung (ohne Eintritt) verführerisch präsentiert.

Großes Sortiment an Zigarren im Whisky & Cigars

Of Berlin ➡ D8
Rosenthaler Str. 40–42, Hackesche Höfe, Hof 7, Mitte
S-Bahn/Tram: Hackescher Markt
✆ (030) 68 00 89 75, www.ofberlin.com
Tägl. außer So 12–19 Uhr
Kleine (und größere) Geschenke, Mitbringsel, Souvenirs gesucht? Feine Sachen aus Berlin: Modisches, Genüssliches, Originelles, von Berliner Designern und Manufakturen.

Whisky & Cigars ➡ D8
Sophienstr. 8–9, Mitte, U8: Weinmeisterstraße
www.whiskyandpassion.com
Mo–Fr 11–19, Sa 11–18 Uhr
Riesige Auswahl an Whisky, Cognac, Rum etc. sowie passende Gläser. Außerdem Zigarren u.a. aus Kuba, Honduras, Jamaika. Mit Tasting-Bar. ■

Lara Croft vor dem Computerspielemuseum in Berlin-Friedrichshain

Mit Kindern in der Stadt
Museen, Shopping, Freizeit, Kindertheater

Mit Kindern in die Großstadt? Aber ja, wenn die Stadt so viel Abwechslung zu bieten hat wie Berlin. Eine Sightseeing-Tour mit dem Doppeldeckerbus, mit der S-Bahn durch enge Häuserschluchten oder ganz entspannt mit dem Schiff ist für Kinder ein Erlebnis. Abwechslung finden sie bei Besuchen im Zoo, Aquarium oder Tierpark. Museen richten sich speziell an Kinder, ebenso zahlreiche Theater. Konzerte für Kinder sind z. B. im Konzerthaus regelmäßig zu erleben. Hinzu kommen Sport- und Spielplätze, drinnen und draußen.

Es gibt in fast jedem Bezirk **Eltern-Kind-Cafés**, viele **Spielplätze** und ein reiches Freizeitangebot für Familien. Darüber hinaus bieten die Grünflächen überall ausreichend Platz zum Spielen und Toben. Die Wälder Berlins sowie die glasklaren **Badeseen** laden zu Ausflügen in die unmittelbare Umgebung ein.

Berlin mit Kindern
✆ (030) 33 02 98 70
www.berlin-mit-kindern.de
Sabine Hansen bietet Führungen für die ganze Familie oder nur für die Kinder an. Wunschthemen nach Absprache. Auch individuelle Betreuung.

Mittelmeergewächshaus im Botanischen Garten

Museen

Auskunft über Angebote für Kinder und Jugendliche in Berliner Museen: Museumsportal Berlin, ✆ (030) 24 74 98 88, www.museumsportal-berlin.de.

Botanischer Garten/Botanisches Museum ➡ dC4
Königin-Luise-Str. 6–8, Dahlem
Eingänge Botanischer Garten: Unter den Eichen 5–10 (Bus M48), Königin-Luise-Platz (Bus X83/101)
✆ (030) 83 85 01 00, www.bgbm.org
Museum tägl. 10–18, Garten tägl. ab 9 Uhr bis zum Einbruch der Dunkelheit
Eintritt Museum € 2,50/1,50, Garten € 6/3
Einer der größten naturkundlichen Gärten der Welt. Spektakulär ist das Große Tropenhaus.

Computerspielemuseum ➡ D11
Karl-Marx-Allee 93 A, Friedrichshain
U5: Weberweise
✆ (030) 60 98 85 77, www.computerspielemuseum.de
Tägl. 10–20 Uhr, Eintritt € 9/6, nach 18 Uhr € 7/5
Hier erinnern sich Mama und Papa an ihre Anfänge mit Pac Man, Donkey Kong oder Asteroid. Alle dürfen den 3-D-Simulator und Riesenjoystick ausprobieren oder sich im Wii-Bowling messen. Spaßgarantie!

Deutsches Technikmuseum Berlin ➡ G7
Trebbiner Str. 9, Kreuzberg
U1/2: Gleisdreieck, U1/7: Möckernbrücke, S1/2/25: Anhalter Bahnhof
✆ (030) 90 25 40, www.dtmb.de
Di–Fr 9–17.30, Sa/So 10–18 Uhr
Eintritt € 8/4, bis 5 J. frei, bis 18 J. ab 15 Uhr frei

Ganz im Sinne des Erfinders

Deutsches Technikmuseum

Berlin

Ist das ein Flugzeug da auf dem Dach? Tatsächlich: Ein »Rosinenbomber« thront auf dem gläsernen Erweiterungsbau des Deutschen Technikmuseums direkt am Landwehrkanal. Eines jener Propellerflugzeuge also, die während der Berlin-Blockade von 1948/49 eingesetzt wurden, um die eingeschlossene Bevölkerung im Westteil der Stadt via Luftbrücke zu versorgen. Das Flugzeug auf dem Dach ist ein exzellentes Symbol für das, worum es im Deutschen Technikmuseum geht, nämlich um den Erfindergeist des Menschen. Um seine erstaunliche Fähigkeit, Methoden, Mechanismen und Geräte zu entwickeln, die das Leben vereinfachen, es interessanter und komplexer machen – oder die als glücklose Prototypen in den Sackgassen der Hirngespinste und Entwürfe enden.

Das Deutsche Technikmuseum befindet sich auf dem Gelände eines ehemaligen Güterbahnhofs und besteht aus mehreren zusammenhängenden Gebäuden. Zurzeit umfasst das Museum 14 Abteilungen, die die unterschiedlichsten Aspekte und Bereiche technischer Entwicklungen abdecken: Da geht es um Luft- und Raumfahrt mit so außergewöhnlichen Exponaten wie einem Originalflugzeug von 1914, um die Geschichte der Hochseefischerei oder um Produktionstechnologien in der Schmuckherstellung. In der Abteilung Straßenverkehr werden historische Automobile gezeigt, die nie in Serie gegangen sind, aber auch die typischen Berliner »Schnauzenbusse«, die in den 1920er und 1930er Jahren zum Stadtbild gehörten. Der Bereich Schienenverkehr kann mit dem Salonwagen des letzten Kaisers aufwarten, doch auch dunkle Punkte werden nicht ausgespart: Eine Dokumentation erinnert an die unrühmliche Rolle, die die Reichsbahn beim Transport von Juden in die Vernichtungslager gespielt hat.

Egal ob Drucktechnik oder Chemische Industrie, Film- oder Fotoproduktion, die Herstellung von Textilien oder das Brauen von Bier in einer historischen Brauerei – hier im Haus mit dem Flugzeug auf dem Dach kommt jeder auf seine Kosten, der sich für die Kulturgeschichte der Technik in ihren unterschiedlichsten Facetten interessiert. Und wer weiß? Vielleicht steckt ja auch in Ihnen ein künftiger Erfinder!

Info: In Berlin-Kreuzberg gelegen. **Info Deutsches Technikmuseum:** Trebbiner Str. 9, 10963 Berlin, Tel. (030) 90 25 40, www.dtmb.de, Öffnungszeiten Di–Fr 9–17.30, Sa/So 10–18 Uhr, Eintritt € 8, ermäßigt € 4, bis 5 Jahre frei, bis 18 Jahre ab 15 Uhr frei.

Historische Flugobjekte aus dem Zweiten Weltkrieg im Deutschen Technikmuseum.

Deutsches Technikmuseum Berlin: Ausstellung auf 25 000 Quadratmetern

Überwältigende Sammlung, u.a. mit Lokschuppen, Windmühlen, Oldtimer-Depot, Dampfmaschinen, Flugzeugen, Schiffen, Computer- und Radiotechnik. Im benachbarten **Science Center Spectrum** kann man wissenschaftliche Experimente erproben.

Domäne Dahlem ➡ dC4
Königin-Luise-Str. 49, Dahlem
U3: Dahlem-Dorf
✆ (030) 666 30 00, www.domaene-dahlem.de
Museum Mi–So 10–17 Uhr, Eintritt € 5/3, bis 18 J. frei
Hofladen Mo–Fr 10–18, Sa 8–14 Uhr, Ökomarkt Sa 8–13 Uhr, Gelände tägl. 7–22 Uhr
Ein Bio-Bauernhof mitten in der Stadt mit Tieren, Handwerksbetrieben, Ausstellungen zu Landwirtschaft und Ernährung, Museum und Marktfesten.

MACH mit! Museum für Kinder ➡ B10
Senefelderstr. 5, Prenzlauer Berg
U2: Eberswalder Straße

Im MACH mit! Museum lernen Kinder interaktiv

✆ (030) 74 77 82 00
www.machmitmuseum.de
Tägl. außer Mo 10–18 Uhr
Eintritt € 7/3,50, bis 2 J. frei
Eine Kirche als Museum, Spielplatz und Lernort. Clou ist das fast raumhohe Kletterregalsystem mit Leitern, Nischen, Stufen und Ebenen, das wie ein Labyrinth zu erkunden ist.

Museum für Kommunikation Berlin ➡ E7
Leipziger Str. 16, Mitte, U2: Mohrenstraße
✆ (030) 202 94-0, www.mfk-berlin.de
Di 9–20, Mi–Fr 9–17, Sa/So 10–18 Uhr
Eintritt € 6/3, bis 17 J. frei
»Kommrein«, »Machmit«: Roboter begrüßen die Besucher und weisen sie ein in die vielen Möglichkeiten des interaktiven Museums, das auch mit kostbaren Schätzen aufwartet, darunter die Briefmarke »Blaue Mauritius«.

Museum für Naturkunde ➡ C7
Invalidenstr. 43, Mitte
U6: Naturkundemuseum
✆ (030) 20 93 85 91
www.naturkundemuseum.berlin
Di–Fr 9.30–18, Sa/So 10–18 Uhr, Eintritt € 8/5
Die fünf riesigen Saurierskelette im imposanten Lichthof haben Gesellschaft bekommen: Tristan, das erste originale Skelett eines Tyrannosaurus rex in Europa, präsentiert sich bis 2020 nebenan in einer Sonderausstellung. Ebenfalls spannend zu entdecken: Tierpräparate, Insektenmodelle und Meteoriten.

Skelett des Giraffatitan brancai im Museum für Naturkunde

Museumsdorf Düppel ➡ dD4
Clauertstraße 1, Zehlendorf
Bus 118, 622: Clauertstraße
www.dueppel.de
März–Okt. Sa/So/Fei 10–18 Uhr
Eintritt € 4/2,50, bis 18 J. frei
Zurück ins Mittelalter – die reizvolle Dorfanlage, nach archäologischen Forschungen rekonstruiert, lässt das Alltagsleben von vor 800 Jahren lebendig werden: Wohnhütten, Werkstätten, Landwirtschaft und Menschen, die uralte Handwerkskünste vorführen.

Stockbrot essen im Museumsdorf Düppel

Shopping

Berliner Bonbonmacherei ➡ D8
Oranienburger Str. 32
Heckmann Höfe, Mitte
S1/2/25: Oranienburger Straße
✆ (030) 44 05 52 43
www.bonbonmacherei.de
Mi–Sa 12–19 Uhr, Juli/Aug. und in der Weihnachtswoche geschl.
Die handgemachten Bonbons schmecken nicht nur Kindern. Spezialität sind Berliner Waldmeisterblätter.

Ritter Sport bunte Schokowelt ➡ E8
Französische Str. 24, Mitte
U6: Französische Straße
✆ (030) 200 95 08 30, www.ritter-sport.de
Mo–Mi 10–19, Do–Sa 10–20, So 10–18 Uhr
Auf dem Schokopfad erfährt man alles über den Weg der Schokolade, vom Rohstoff bis zur fertigen Tafel. Kinder können ihre Lieblingsschokolade selbst herstellen.

Aktivitäten, Freizeit

AquaDom & SEA LIFE Berlin ➡ D8/9
Spandauer Str. 3, Mitte, S3/5/7/9: Hackescher Markt
www.sealife.de
Tägl. 10–19 Uhr, Eintritt ab € 14/11

Über 3000 Wasserbewohner tummeln sich im großen Süß- und Meerwasseraquarium. Noch größer ist das Atlantikbecken. Der AquaDom, ein 25 m hohes, zylindrisches Aquarium, enthält 1 Mio. Liter Wasser. Hindurch fährt ein gläserner Aufzug vorbei an tropischen Fischschwärmen.

FEZ Berlin – Kinder-, Jugend- und Familienzentrum
➡ dC6
Straße zum FEZ 2, Köpenick
S3: Wuhlheide
✆ (030) 530 71-0, www.fez-berlin.de
Familientage Sa/So 12–18 Uhr
Eintritt frei, teilweise Nutzungsgebühren
Das riesige Freizeit- und Erholungszentrum in der Wuhlheide hat Sportanlagen (mit Geräteverleih), Freibad, Schwimmhalle, Tiergehege, Werkstätten, Ökogarten, Kino, Theater, Museum, Freilichtbühne, Parkeisenbahn, das »orbitall« Raumfahrtzentrum sowie Spielplätze drinnen und draußen. Eine weitere Attraktion in der Wuhlheide ist der **Modellpark Berlin-Brandenburg** (www.modellparkberlin.de) mit rund 70 Modellen bedeutender Bauwerke.

Riesiges Familienzentrum in der Wuhlheide: das FEZ Berlin

Bartertown Stuntshow im Filmpark Babelsberg

Filmpark Babelsberg ➡ dD3
August-Bebel-Str. 26–53, Eingang Großbeerenstraße Potsdam
S1: Babelsberg, dann Bus 601/690: Filmpark,
✆ (0331) 721 23 45, www.filmpark-babelsberg.de
Anfang April–Ende Okt. Di–So 10–18 Uhr, Sommerferien auch Mo, Eintritt € 22/15, Familien € 65
In der Filmstadt gibt es eine Studio-Rundfahrt, Kulissennachbauten aus bekannten Serien und Spielfilmen, Westernstraße und Mittelalterstadt, Tier- und Stunt-Shows, Dschungel-Abenteuerspielplatz, das Sandmann-Haus, 4-D-Actionkino und ein Kinderrestaurant.

LEGOLAND Discovery Centre Berlin ➡ E6
Potsdamer Str. 4, Sony Center, Tiergarten
S-/U-Bahn: Potsdamer Platz
www.legolanddiscoverycenter.com
Tägl. 10–19 Uhr
Eintritt ab € 13,70, Kombitickets vgl. Website
Im Miniland aus Legosteinen sind Berliner Bauwerke und Fantasiewelten nachgebaut. Mit 4-D-Kino.

Madame Tussauds Berlin ➡ D/E7
Unter den Linden 74, Mitte
S-/U-Bahn, Bus 100/TXL: Brandenburger Tor
www.madametussauds.com
Tägl. 10–19 Uhr, Eintritt online ab € 14/11
Täuschend echte Wachsfiguren-Abbilder von Sportlern und Showgrößen wie Ronaldo oder Justin Bieber.

Tierpark Berlin
Am Tierpark 125, Lichtenberg
U5: Tierpark
✆ (030) 51 53 10, www.tierpark-berlin.de
April–Sept. 9–18.30, März, Okt. 9–18, Nov.–Feb. 9–16.30 Uhr, Eintritt € 14,50/7,50
Größter Landschaftstiergarten Europas (160 ha) im ehemaligen Schlosspark Friedrichsfelde. Eisbärin Hertha ist aktuell der Star. Beliebt sind auch Greifvogel-Flugshows, das begehbare Känguru-Gehege und der Vari-Wald mit Madagaskar-Lemuren.

Schwarzweißer Vari im Vari-Wald, Tierpark Berlin

Zoologischer Garten & Zoo Aquarium ➡ E/F4
Hardenbergplatz 8, Löwentor
Olof-Palme-Platz, Elefantentor
Charlottenburg, S-/U-Bahn: Zoologischer Garten
✆ (030) 25 40 10, www.zoo-berlin.de
Tägl. 9–17, im Sommer bis 19 Uhr, Eintritt € 15,50/8, Kombiticket (Zoo & Aquarium) € 21/10,50
Mit 1256 Arten und über 20 000 Tieren der artenreichste Zoo Europas. Die meisten Besucher zieht es zu den beiden Großen Pandabären, den einzigen in einem deutschen Zoo. Weitere Highlights: Affenfelsen, Pinguinwelt, Flusspferdhaus, Adlerschlucht und Spielplätze.

Der Zoologische Garten ist ein Besuchermagnet

Kindertheater

Charlottchen ➡ F1
Droysenstr. 1, Charlottenburg
S3/5/7/9: Charlottenburg
✆ (030) 324 47 17, www.restaurant-charlottchen.de
Restaurant und Café mit Theater für Zauberer, Puppen und Märchenfiguren.

Grips-Theater
Vgl. S. 163.

Theater an der Parkaue ➡ D13
Parkaue 29, Lichtenberg
S-/U-Bahn: Frankfurter Allee
✆ (030) 55 77 52 52, www.parkaue.de
Anspruchsvolles Theater für Kinder, Schüler und Jugendliche. ■

Erholung im Grünen und Wellness
Gärten, Strandbars, Biergärten, Badestellen

Wald und Wiesen, Parks und Gärten, Flüsse und Seen: Berlin rühmt sich, die »grünste Stadt Deutschlands« zu sein und die wasserreichste dazu. Entsprechend üppig fallen die Erholungsmöglichkeiten aus. Insgesamt zählt Berlin mehr als 2500 öffentliche Grünanlagen unterschiedlicher Art. Zwischen dem Grunewald im Westen und den Müggelbergen weit im Osten bilden Oasen der Ruhe und Freizeitspaß einen angenehmen Ausgleich zum Stadtrummel. Für trübe oder kühle Tage oder schlicht zum Genießen empfehlen sich diverse Wellness-Einrichtungen; viele Hotels öffnen diese auch für Nichtgäste.

Gärten und Grünanlagen

Infos unter www.gruen-berlin.de.

Berliner Mauerweg
Vgl. S. 119

Britzer Garten ➡ dC/dD5
Sangerhauser Weg 1, Mariendorf
U6: Alt-Mariendorf

Seeterrassen im Britzer Garten

Der Rosengarten im Britzer Garten lädt zum Verweilen ein

✆ (030) 700 67 30, www.gruen-berlin.de
Tägl. ab 9 Uhr bis zum Einbruch der Dunkelheit
Eintritt € 3/1,50
Populärer Erholungspark (90 ha) und einer der »schönsten Gärten Deutschlands« mit Liegewiesen, Seen, Bächen und Quellen, Gehölzgruppen, Blumenbeeten und Themengärten. Höhepunkte sind die Tulpenblüte »Tulipan im Britzer Garten« und die »Große Dahlienschau« im Spätsommer. Außerdem: Gastronomie, Veranstaltungen und Spielgeräte.

Gärten der Welt ➡ dB6
Haupteingang: Blumberger Damm 44, Marzahn, S7: Mehrower Allee, dann Bus X69: Blumberger Damm/Gärten der Welt; oder U5: Kienberg/Gärten der Welt, dann Seilbahn
Eingang Eisenacher Str. 99, S7: Marzahn, dann Bus 195: Eisenacher Straße/Gärten der Welt
✆ (030) 700 90 67 20, www.gaerten-der-welt.de
Tägl. April–Sept. 9–20, März, Okt. 9–18, Nov.–Feb. 9–16 Uhr, Eintritt € 7/3 (Nov.–März € 4/2), inkl. Seilbahn € 9,90/5,50 (Nov.–März € 6,90/4,50), bis 5 J. frei
Der größte chinesische Garten in Europa und weitere »Gärten der Welt« entführen nach Japan, Korea, Bali und in den Orient. Europa präsentiert sich mit einem Irrgarten, einem Renaissancegarten, dem Karl-Foerster-Staudengarten sowie einem Christlichen Garten. Zur Internationalen Gartenausstellung Berlin 2017 wurde der Englische Garten als zehnter Themengarten eröffnet und das Gesamtkunstwerk »Gärten der Welt« verdoppelte sich auf eine Fläche von über 40 ha. Die

Balis Blumen und ein chinesisches Teehaus

Gärten der Welt in Berlin-Marzahn

Berlin

Eine traumhafte Gartenwelt liegt jenseits der Marzahner Hochhauslandschaft im Berliner Osten: der größte chinesische Garten Europas mit Teehaus lädt zur Entspannung ein, im japanischen Garten kann man die Symbolhaftigkeit der Wegeführung studieren und im balinesischen Garten eine üppige Blumenpracht bewundern. 1987 fand auf den bis dahin landwirtschaftlich genutzten Flächen im nordöstlichen Bezirk Marzahn-Hellersdorf die »Berliner Gartenschau« statt, 1991 begann die Umgestaltung zum »Erholungspark Marzahn«. Spiel- und Liegewiesen wurden angelegt, neue Spielplätze geschaffen und die Sondergärten erneuert.

Nach und nach entstanden insgesamt zehn einzigartige Themengärten aus aller Welt. Sie eröffnen ein exotisches Reich: ein chinesischer, japanischer, koreanischer, balinesischer, orientalischer, christlicher, jüdischer sowie ein italienischer Renaissance- und ein englischer Landschaftsgarten, ein Irrgarten und ein Staudengarten sind Augenweide und lehrreich zugleich. Die sorgsam gepflegten Grünanlagen lassen die botanischen und architektonischen Eigenarten traditioneller Gartenkunst der verschiedenen Länder und Kulturen für den Besucher sicht- und fühlbar werden. Der christliche Garten ist als Klostergarten gestaltet.

2017 waren die Gärten der Welt Teil der Internationalen Gartenausstellung (IGA); ein neues Besucherzentrum sowie neue Spielplätze und Freizeitflächen sorgen seitdem für noch mehr Abwechslung. Highlight ist Berlins erste Kabinenseilbahn, die vom U-Bahnhof Kienberg zu den Gärten der Welt führt.

Neben dem Teehaus im chinesischen Garten mit 30 verschiedenen Teesorten laden mehrere Restaurants, zwei Imbisse und das Café am Japanischen Garten zur Rast ein. Führungen sowohl zu den Gärten im Allgemeinen als auch zu bestimmten Themen werden regelmäßig angeboten.

In Marzahn-Hellersdorf: der Orientalische Garten im Park »Gärten der Welt«.

Info: In Berlin-Marzahn gelegen. **Info Gärten der Welt:** Haupteingang: Blumberger Damm 44, 12685 Berlin, weiterer Eingang: Eisenacher Str. 99, Tel. (030) 700 90 67 20, www.gaerten-der-welt.de, tägl. April–Sept. 9–20, März, Okt. 9–18, Nov.–Feb. 9–16 Uhr, Eintritt € 7/3 (Nov.–März € 4/2), inkl. Seilbahn € 9,90/5,50 (Nov.–März € 6,90/4,50), bis 5 J. frei.

Seilbahn bildet eine attraktive Anbindung der »Gärten der Welt« an die U-Bahn. Der neu entstandene Kienbergpark ist frei zugänglich.

Liebermann-Villa am Wannsee ➡ dD3
Colomierstr. 3, Wannsee
S1/7: Wannsee, dann Bus 114
✆ (030) 80 58 59 00, www.liebermann-villa.de
Tägl. außer Di April–Sept. 10–18, Okt.–März 11–17 Uhr
Führungen Sommer Mi 14, Sa und Fei 12, 16, So 12 Uhr, Winter Sa/So/Fei 14 Uhr, Eintritt € 8/5, Führung € 4
1910 bezog Max Liebermann sein »Schloss am See«, in dem er bis zu seinem Tod 1935 die Sommer verbrachte. Hier entstanden rund 200 Gemälde, deren Motive der Maler in seinem Garten fand – deutlich zu erkennen an der reizvollen Gegenüberstellung von Gemäldereproduktionen und dem »realen« rekonstruierten Garten sowie der großen Wiese mit Birkenallee, die zum Wannsee hin abfällt. Mit Café und Museumsshop.

Pfaueninsel ➡ dD3
Pfaueninselchaussee, Wannsee
S1/7: Wannsee, dann Bus 218
✆ (030) 969 42 00, www.spsg.de
Fähre: tägl. März, Okt. 9–18, April, Sept. 9–19, Mai–Aug. 8–21, Nov.–Feb. 10–16 Uhr, € 4/3
Schloss: wegen Sanierung geschl.
Meierei: April–Okt. Sa/So/Fei 10–17.30 Uhr, Eintritt € 3/2, Tickets vorab im Fährhaus kaufen

Villa von Max Liebermann am Wannsee

Märchenhafte Landschaft

PFAUENINSEL

Berlin

Wie ein Märchen steigt ein Bild aus meinen Kindertagen vor mir auf: ein Schloss, Palmen und Kängurus; Papageien kreischen; Pfauen sitzen auf hoher Stange oder schlagen ein Rad, Volieren, Springbrunnen, überschattete Wiesen, Schlängelpfade, die überall hinführten und nirgends; ein rätselvolles Eiland, eine Oase, ein Blumenteppich inmitten der Mark.« Wenn der deutsche Dichter Theodor Fontane an die Pfaueninsel dachte, ein Naturschutzgebiet zwischen Berlin und Potsdam, geriet er ins Schwärmen. Auch von einem aktuellen Literaten kann man etwas über das verwunschene und bildschöne Eiland im Süden der Havel, seit 1990 UNESCO-Weltkulturerbe, erfahren: Thomas Hettche hat es als Schauplatz seines im 19. Jahrhundert angesiedelten Romans »Pfaueninsel« gewählt.

Das Schloss Friedrich Wilhelms II. auf der Pfaueninsel.

Der Preußenkönig Friedrich Wilhelm II. ließ die Insel Anfang des 19. Jahrhunderts zu seinem Sommersitz ausbauen, der jedoch an bestimmten Tagen auch für die Öffentlichkeit zugänglich war. Jeder Quadratmeter wurde künstlich gestaltet. Während der berühmte Gartenkünstler Peter Joseph Lenné die Insel in eine märchenhafte Landschaft verwandelte, sorgten namhafte Architekten für fantasievolle Bauwerke. So ist das Weiße Schloss bereits 1797 als verfallenes römisches Landhaus geplant worden. Ebenso wurde die Meierei am anderen Ende der Insel als eingefallene gotische Klosterruine errichtet. Die preußischen Könige nutzten das zweigeschossige Wohnhaus mit Ställen, um Bauer zu spielen. Fernab von der höfischen Etikette gefielen sich die Majestäten darin, Butter zu rühren oder Kühe zu melken. Karl Friedrich Schinkel schuf 1824 bis 1826 das Kavaliershaus in der Inselmitte, in dem eine gotische Hausfassade aus Danzig integriert ist. Auf dem eineinhalb Kilometer langen und einen halben Kilometer breiten Eiland wurden 1797 nicht nur frei laufende Pfauen angesiedelt. Im Privatzoo gab es eine Bärengrube, Gehege für Kängurus und Lamas, Hirsche und Wasserbüffel.

Heute leben neben den etwa 100 Pfauen noch zahlreiche weitere exotische Vögel, teilweise in Volieren untergebracht, auf dem 67 Hektar großen Gelände. Auf einem alten Bauernhof im Nordosten gibt es zudem Pferde und Gänse.

Die Insel ist über eine Fähre vom Düppeler Forst aus erreichbar. Die Zufahrt zur Anlegestelle erfolgt über den Nikolskoer Weg. Bei Wanderungen können auch die historischen Gebäude besichtigt werden, allerdings ist das Schloss bis 2024 wegen Sanierung geschlossen.

INFO: In Berlin-Wannsee gelegen. **INFO PFAUENINSEL:** Pfaueninselchaussee, 14109 Berlin-Zehlendorf, Tel. (030) 969 42 00, www.spsg.de. Fähre: Mai–Aug. 8–21, April, Sept. 9–19, März, Okt. 9–18, Nov.–Feb. 10–16 Uhr. Schloss bis 2024 geschl. Besichtigung Meierei: April–Okt. Sa/So/Fei 10–17.30 Uhr, Eintritt € 3/2, Tickets vorab im Fährhaus kaufen.

Beim Spaziergang über die idyllische Insel freut man sich über Vogelgezwitscher, stolze Pfauen, reizvolle Ausblicke auf die Havellandschaft, schmucke Gartenanlagen, Parkbauten wie die Meierei (mit Festsaal und Ausstellung zur Nutzungsgeschichte) und natürlich das märchenhafte Schloss in Gestalt einer Ruine (1794–97).

Tempelhofer Feld ➡ H/J7–9
Eingänge: Tempelhofer Damm, Columbiadamm, Oderstraße, Tempelhof-Schöneberg/Neukölln
S41/42/46, U6: Tempelhof
www.tempelhofer-park.de
Juni/Juli 6–22.30, Mai, Aug. 6–21.30, April, Sept. 6–20.30, Okt. 7–19, März 6–19, Nov., Feb. 7–18, Dez./Jan. 7.30–17 Uhr , Eintritt frei
Dort, wo bis Ende 2008 Flugzeuge starteten und landeten, entstand die größte innerstädtische Spielwiese – mit über 300 ha größer als der Central Park in New York. Hier tummeln sich Jogger, Radfahrer und Skater, locken Spiel-, Sport-, Picknick- und Grillplätze, finden Hunde Auslauf und Vögel Schutzgebiete, praktizieren Anwohner Urban Gardening.

Treptower Park ➡ G/H 13
In Alt-Treptow, Treptow-Köpenick
S8/9/41/42/85: Treptower Park
Am Ufer der Spree entlangspazieren, Boot fahren, picknicken oder im Traditionslokal Zenner einkehren, die Insel der Jugend umrunden, in der Archenhold-Sternwarte das längste bewegliche Fernrohr der Welt bestaunen und das imposante Sowjetische Ehrenmal besuchen.

Pfauen dürfen auf der Pfaueninsel nicht fehlen

Flugplatz für Drachen und Skater

Tempelhofer Feld

Berlin

Viel Platz und frische Luft mitten in der Großstadt bietet das riesige Gelände des ehemaligen Tempelhofer Flughafens, das 2010 in eine öffentliche Grünfläche umgewidmet wurde. Eigentlich sollte das Gelände bebaut werden, doch ein 2011 initiiertes Volksbegehren gegen die Bebauung war 2014 erfolgreich. Seitdem gibt es den Tempelhofer Park, in den man durch zehn Eingänge hineingelangt.

Er ist keine Parkanlage im üblichen Sinne geworden, sondern einfach nur viel Freiraum zum Kicken, Spazierengehen, auf der Wiese sitzen, Drachen steigen lassen, Skaten, ins Weite schauen und Träumen.

Etliche Windsurfer und Segler auf Rollen nutzen die einstigen Start- und Landebahnen, denn es bläst eigentlich immer ein frischer Wind. Die endlosen Wiesen bieten vielen Pflanzen und Tieren Lebensraum. Die Feldlerche, ein Bodenbrüter, baute hier schon während des Flugbetriebs ihre Nester und lässt sich heute auch von vorbeiflitzenden Kite-Surfern nicht davon abhalten.

Auf der Neuköllner Seite im Osten blühen Blumen und gedeihen Kürbisse auf kleinen Hochbeeten von Urban-Gardening-Initiativen. Künstler haben Skulpturen gebaut, auf Kreuzberger Seite wartet eine kunstvoll gestaltete Minigolfanlage auf Schlägertypen und meistens sausen auch geschäftstüchtige Gastronomen mit mobilen Kaffeebars über das riesige Gelände und freuen sich über die internationale Kundschaft, die hier einen freien Tag verbringt.

Grillen ist auf drei gekennzeichneten Flächen erlaubt: Man muss nur dem Grillkohleduft nachgehen, schon ist man an der richtigen Stelle. Auf insgesamt 27 Tafeln an 20 Standorten bekommen Geschichtsinteressierte Einblicke in die vielschichtige Historie des Tempelhofer Feldes.

Das riesige Flugfeld des ehemaligen Zentralflughafens Tempelhof bietet Platz für jede Menge Freizeitaktivitäten.

Immer wieder wird die Grünfläche mitten in der Stadt auch für Kulturevents genutzt, 2015 etwa für einen Ableger des Lollapalooza-Festivals aus den USA. Das kunterbunte Fest musste jedoch ebenso wie andere Großveranstaltungen schon 2016 vorübergehend das Feld räumen: Ein Teil des Platzes wurde für Flüchtlingsunterkünfte gebraucht. Die Container sind allerdings Ende 2019 schon wieder abgebaut.

Es sind vor allem zwei Dinge, die das Tempelhofer Feld prägen: Ruhe und der Himmel über Berlin, so weit das Auge reicht.

Info: In Berlin-Tempelhof gelegen. **Info Tempelhofer Feld:** Eingänge: Tempelhofer Damm, Columbiadamm, Oderstraße, https://gruen-berlin.de/tempelhofer-feld, www.tempelhofer-park.de, Öffnungszeiten Dez./Jan. 7.30–17, Nov., Feb. 7–18, Okt. 7–19, März 6–19, April, Sept. 6–20.30, Mai, Aug. 6–21.30, Juni/Juli 6–22.30 Uhr, Eintritt frei.

Wellness

Orientalische Beleuchtung im Hamam

Hamam ➡ F10
Türkisches Bad für Frauen im Frauenzentrum Schokoladenfabrik e.V., Mariannenstr. 6, Hinterhaus, Kreuzberg
U1/8: Kottbusser Tor
✆ (030) 615 14 64, www.hamamberlin.de
Mo 14–23, Di–So 11–23 Uhr, Do bis 17 Uhr Kinder willkommen
Eintritt 3 Std. € 19 (Hamam-, Sauna-, Salon- und Gartennutzung), Anwendungen kosten extra (nur nach Voranmeldung)
»Hamam« bedeutet Wärme und das meint im türkischen Bad (nur für Frauen) ein Zusammenspiel von Reinigung und Pflege für Körper und Seele.

Liquidrom ➡ F7
Möckernstr. 10, Kreuzberg
U1/7: Möckernbrücke, S1/2/25: Anhalter Bahnhof
✆ (030) 258 00 78 20, www.liquidrom-berlin.de
Tägl. 9–24, Fr/Sa bis 1 Uhr, Tageskarte € 27,50, 2 Std. € 17,50, Sa/So/Fei € 2,50 Aufschlag
Sich im warmen Solewasser treiben lassen und bei klassischer Musik oder elektronischen Klängen eintauchen in eine andere Welt. Zusätzliche Angebote: Sauna, Dampfbad und Massagen (balinesisch, Hot Stone u. a.).

Vabali Spa ➡ C5
Seydlitzstraße 6, Moabit
S-/U-Bahn: Hauptbahnhof

Überdachter Außenpool des Vabali Spa

Strandbar an der Spree

✆ (030) 911 48 60, www.vabali.de
Tägl. 9–24 Uhr, Tageskarte € 39,50, 2 Std. € 23,50, Sa/So/Fei € 3 Aufschlag
Bali in Berlin: Exklusives Wellness-Resort in asiatischem Ambiente mit Saunen, Innen- und Außenpools, Restaurant, Massagen und Schönheitsanwendungen.

Strandbars

In jedem Sommer werden neue Stadtstrände eröffnet. Manche sind fest etabliert, andere bangen in jeder Saison neu ums Überleben – bis der Investor kommt. Bis dahin geht es überall hoch her. Abkühlung und Abwechslung bringen frische Cocktails, heiße Rhythmen und diverse Aktivitäten.

Capital Beach ➡ D6
Ludwig-Erhardt-Ufer, Tiergarten
S-/U-Bahn: Hauptbahnhof, U55: Bundestag
Liegestühle am grünen Strand der Spree mit Blick auf den Hauptbahnhof. Die Musik sorgt für Partystimmung unter den jungen Gästen.

Pirates Berlin ➡ F11
Mühlenstr. 78–80, Friedrichshain
U-/S-Bahn: Warschauer Straße
✆ (030) 97 00 24 14
https://piratesberlin.com

Direkt an der Spree: das Pirates Berlin

Palmen, Liegestühle, kühle Drinks, die Füße im Sand und die Oberbaumbrücke im Blick – und ringsum tobt die Szene zwischen East Side Gallery und Mercedes-Benz Arena. Tagsüber entspannt und abends Party: Das Erlebnisrestaurant mit Terrassen, Dancefloor, Sandstrand und Beachbar direkt an der Spree bietet für jeden etwas.

Festlich geschmückte Wannseeterrassen

Biergärten

Loretta am Wannsee ➡ dD3
Kronprinzessinnenweg 260, Zehlendorf
S1/7: Wannsee
www.loretta-berlin.de
Tägl. ab 11 Uhr
Die Lage ist grandios. Auf zwei Ebenen stehen Liegestühle und Biergartenbänke zur Verfügung. Die Küche ist bayerisch rustikal. €

Restaurant Grunewaldturm ➡ dC3
Havelchaussee 61, Wilmersdorf
✆ (030) 41 72 00 01, www.restaurant-grunewaldturm.de
Tägl. 10–22 Uhr
200 Stufen führen in dem über 100 Jahre alten Turm zur Aussichtsplattform (Eintritt € 3) in 36 m Höhe. Das Restaurant im Sockel und der Biergarten davor auf einer Waldlichtung lohnen ebenfalls den Ausflug. €€

Eine weite Sicht über die Havellandschaft und Berlin bietet sich auch vom im nördlichen Grunewald gelegenen **Teufelsberg**.

Wannseeterrassen ➡ dC3
Wannseebadweg 35, Wannsee
✆ (030) 80 90 82 18, www.wannseeterrassen.berlin
Tägl. ab 12 Uhr
Gehobene Ausflugsgaststätte. Man sitzt wunderschön auf der Terrasse mit Blick auf den Wannsee und die Havel. Gute Küche sowie Kaffee, Kuchen, Eis.

Zollpackhof Restaurant – Biergarten ➡ D6
Elisabeth-Abegg-Str. 1, Mitte
S-/U-Bahn: Hauptbahnhof, U55: Bundestag
✆ (030) 33 09 97 20, www.zollpackhof.de
Tägl. ab 11 Uhr

Der Berg der Spione

Teufelsberg

Berlin

Eigentlich ist er einer jener Trümmerberge, wie es sie in fast jeder deutschen Stadt gibt, die nicht vom Bombenhagel des Zweiten Weltkriegs verschont wurde. Doch kaum ein Ort in Berlin kann auf eine solch wechselhafte, zum Teil abstrus-komische Geschichte zurückblicken wie dieser mit Bäumen bewachsene Hügel zwischen Olympiastadion und Messegelände, der 121 Meter hoch ist und damit als zweithöchste Erhebung Berlins gilt. Schon der Anfang trug groteske Züge: Hier im Grunewald, ganz in der Nähe des Teufelssees, begannen 1937 die Bauarbeiten zur »Wehrtechnischen Fakultät«, einem Projekt im Rahmen der von Hitler geplanten »Welthauptstadt Germania«. Nach Kriegsende wurde der Rohbau jedoch gesprengt. Auf dem Gelände entstand zwischen 1950 und 1972 ein Schuttberg von 26 Millionen Kubikmetern, was einem Drittel aller in Berlin zerbombten Häuser entspricht. Danach wurde die Anhöhe bepflanzt und zu einem Naherholungsgebiet ausgebaut. Doch noch vor den Erholungsuchenden hatten die alliierten Geheimdienste den Berg für sich entdeckt: Aufgrund seiner günstigen Lage eignete er sich nämlich hervorragend zum Abhören des Luftraums über der Stadt – vor allem im Hinblick auf die drei Flugkorridore, die West-Berlin mit der Bundesrepublik verbanden. Insbesondere die National Security Agency (NSA), doch auch verschiedene andere US-amerikanische und britische Überwachungsdienste nutzten den Berg für ihre Zwecke, und es entstand jene futuristisch anmutende Abhörstation mit den markanten Antennenkuppeln, die noch heute zum Berliner Stadtbild gehören.

Ganz in der Nähe der Radarstation wurde übrigens Wein angebaut – das »Wilmersdorfer Teufelströpfchen«. Nach dem Ende des Kalten Kriegs war die Abhöranlage dann obsolet und wurde 1991 aufgegeben. Doch während die militärischen Gebäude (und der Weinberg) verfielen, blieb die Geschichte des Teufelsbergs spannend – und ist es bis heute: Eine Friedensuniversität sollte hier errichtet werden, ein Hotel, eine Wohnanlage, eine Denkfabrik. Nichts davon wurde Wirklichkeit.

Die ehemalige Abhörstation der US-Armee auf dem Teufelsberg.

Der Teufelsberg gehört bis auf Weiteres den Spaziergängern, Graffitikünstlern und Hobbysportlern. Und den historisch Interessierten: Führungen über das Gelände der ehemaligen Abhörstation sind möglich.

Info: In Berlin-Grunewald gelegen. **Info Radarstation auf dem Teufelsberg:** Teufelsseechaussee 10, 14193 Berlin, www.teufelsberg-berlin.de.

Großer Biergarten unter schattigen Kastanien mit Blick auf das Kanzleramt, dazu Bratwurst, Steak und Leberkäse. €

Die schönsten Badestellen

Badeschiff ➡ G12
Auf dem Arena-Gelände
Eichenstr. 4, Treptow
S8/9/41/42/85: Treptower Park
www.arena.berlin/badeschiff
Tägl. 8–24 Uhr
Eintritt € 5,50/3, bis 6 J. frei
Schwimmen in der Spree – so scheint es jedenfalls, wenn man in dem zum Pool umgebauten Kahn seine langen Bahnen zieht. Liegestühle stehen am Sandstrand und auf Holzplanken. Mit Bar, Musik und Party.

Dank großer Badeente (oben) schon von Weitem zu sehen: das Badeschiff in Treptow

Strandbad Wannsee ➡ dC/dD3
Wannseebadweg 25, Zehlendorf
S1/7: Nikolassee
✆ (030) 22 19 00 11, www.berlinerbaeder.de
Eintritt € 5,50/3,50, tägl. Mitte Mai–Mitte Sept. 9/10–18/19, Juni–Mitte Aug. 9–20 Uhr
Nicht nur Berliner lieben ihr über 100 Jahre altes Strandbad mit seinem 1200 m langen Sandstrand und weiten Wiesenflächen mit herrlichen Ausblicken über die Havellandschaft. Strandkorbverleih, Wassersport, Kinderspielplätze und ein großes Imbissangebot. ■

»Nischt wie raus nach Wannsee«: Strandbad Wannsee am Ostufer des Großen Wannsee

Berlin um 1820

Daten zur Stadtgeschichte

Um 750 Die Heveller errichten mit dem Herrensitz »Spandow« (Spandau) die erste Siedlung im Berliner Raum.

1232 Spandau erhält das Stadtrecht.

1237 Erste urkundliche Erwähnung der Kaufmannssiedlung Cölln. Das erste Dokument der rund um die Nikolaikirche erbauten Siedlung Berlin stammt aus dem Jahre 1244.

1307 Berlin und Cölln bilden einen gemeinsamen Rat.

1415 Ein Burggraf aus Nürnberg erhält die Mark Brandenburg als Lehen. Als Kurfürst Friedrich I. begründet er die 500-jährige Herrschaft der Hohenzollern.

1436 Berlin und Cölln erwerben die Johanniterdörfer Tempelhof, Mariendorf, Marienfelde und Richardsdorf (Rixdorf, seit 1912 Neukölln).

1443–51 Am Ufer der Spree entsteht für Kurfürst Friedrich II. das erste Stadtschloss.

1486 Berlin wird Residenz des Kurfürsten von Brandenburg.

1539 Kurfürst Joachim II. leitet in Kurbrandenburg die Reformation ein. Berlin wird führende Stadt des Protestantismus.

1618–48 Durch den Dreißigjährigen Krieg verringert sich die Einwohnerzahl Berlins auf 6000.

1640–68 Unter Friedrich Wilhelm, dem »Großen Kurfürsten« von Brandenburg, erhöht sich die Einwohnerzahl der Stadt auf über 20000 Menschen.

1647 Der Große Kurfürst lässt die Allee »Unter den Linden« zwischen Schloss und Tiergarten anlegen.

Ab 1685 Einwanderung von in Frankreich verfolgten, protestantischen Hugenotten.

1701 Kurfürst Friedrich III. von Brandenburg krönt sich zum »König in Preußen« und macht Berlin zur Residenzstadt.

Friedrich II. der Große

1709 Aus den Städten Berlin, Cölln, Friedrichswerder, Dorotheenstadt und Friedrichstadt entsteht die Gemeinde Berlin mit ca. 60000 Einwohnern.

1740–86 Unter Friedrich dem Großen wird Berlin eine Hauptstadt von europäischem Rang und Zentrum der Aufklärung.

Um 1800 Berlin hat über 170000 Einwohner und ist bedeutendste Industriestadt Preußens (Baumwoll- und Seidenmanufakturen).

1806 Napoleon zieht durch das Brandenburger Tor in die preußische Hauptstadt ein. Bis 1808 bleibt Berlin unter französischer Besatzung.

1810 Die Universität wird gegründet; Aufschwung für Wissenschaft, Literatur, Musik- und Theaterleben.

1813 Berlin wird zum Zentrum der »Befreiungskriege« 1813–15 gegen Napoleon.

1838 Berlins erste Eisenbahnstrecke führt von Potsdam über Zehlendorf zum Bahnhof Potsdamer Platz.

1848 Scheitern der Märzrevolution; Entwicklung zum Industriestandort.

Kaiserproklamation Wilhelms I. in Versailles 1871

1871 König Wilhelm I. wird in Versailles zum Deutschen Kaiser proklamiert; Fürst Otto von Bismarck wird Reichskanzler; Berlin wird Hauptstadt des Deutschen Reiches. In den folgenden »Gründerjahren« wächst Berlin zur Millionenstadt. Mietskasernen für die Arbeiter entstehen; neuer Aufschwung des kulturellen Lebens.

1882 Eröffnung der Berliner Stadtbahn. Die Ringbahn führt um Berlin herum, die Stadtbahn durch das Zentrum. Die Fernbahnen

Reichstag: Sitz des deutschen Bundestags

enden in zehn Kopfbahnhöfen; Berlin ist Verkehrsmittelpunkt in Deutschland und Mitteleuropa.

1894 Eröffnung des Reichstagsgebäudes.

1895 Einweihung der Kaiser-Wilhelm-Gedächtniskirche.

1902 Die erste Hoch- und U-Bahn verkehrt zwischen Warschauer Brücke und dem »Knie« (Ernst-Reuter-Platz); Berlin verfügt bald über eines der leistungsfähigsten Nahverkehrssysteme der Welt.

1906 Mit der Eröffnung des von Köpenick nach Potsdam verlaufenden Teltowkanals wird Berlin zu einer der großen Binnenhafenstädte Europas.

1918 Abdankung des Kaisers nach der Novemberrevolution.

1920 Aus acht Stadtgemeinden, 59 Landgemeinden und 27 Gutsbezirken entsteht die Gemeinde Groß-Berlin mit ca. vier Millionen Einwohnern. Trotz Weltwirtschaftskrise (600000 Arbeitslose) und politischer Unruhen erlebt Berlin die Goldenen Zwanzigerjahre in allen Bereichen der Kunst.

1932 Berlin hat mit 173000 Juden (4,3% der Bevölkerung) die fünftgrößte jüdische Gemeinde der Welt.

1933 Machtübernahme der Nationalsozialisten. Im selben Jahr: Reichstagsbrand, Bücherverbrennung auf dem Opernplatz. Aufruf zum Boykott jüdischer Geschäfte durch Reichspropagandaminister Joseph Goebbels. Es folgen u.a. Berufsverbote für Juden, Zwangsenteignungen, Entlassung aus dem Staatsdienst.

1936 Die Olympischen Sommerspiele werden zum Propagandaspektakel.

1938 Reichspogromnacht (9./10. November): Anschläge auf Synagogen und jüdische Geschäfte.

1941 Beginn der Massendeportation der Berliner Juden in Konzentrations- und Vernichtungslager.

1942 Auf der Wannsee-Konferenz am 20. Januar wird die Vernichtung der Juden beschlossen und geplant.

1943–45 Verheerende westalliierte Luftangriffe auf Berlin, ca. 50000 Tote.

1944 Das Attentat auf Hitler am 20. Juli in Ostpreußen misslingt. Die Verschwörer unter Oberst Claus Graf Schenk von Stauffenberg werden im Bendler-Block (heute Gedenkstätte) hingerichtet.

1945 Adolf Hitler begeht am 30. April im Bunker der Reichskanzlei Selbstmord. Die Wehrmacht kapituliert am 8. Mai. Die schwer verwüstete Stadt wird von den vier Siegermächten in vier Sektoren verwaltet.

1948 Blockade durch die Sowjets und politische Teilung; West-Berlin wird fast ein Jahr lang über die »Luftbrücke« versorgt.

1948 Behinderungen an der (Ost-Berliner) Humboldt-Universität führen zur Gründung der »Freien Universität« in West-Berlin.

1949 In Bonn wird das Grundgesetz der Bundesrepublik Deutschland verkündet. (West-)Berlin wird unter Maßgabe alliierter Vorbehalte zu einem Bundesland. Im Oktober wird in Ost-Berlin die Deutsche Demokratische Republik proklamiert, Ost-Berlin wird Hauptstadt und Regierungssitz der DDR.

1953 Am 17. Juni kommt es zum Volksaufstand in Ost-Berlin.

Luftbrückendenkmal am Platz der Luftbrücke

Mit dem Bau der Berliner Mauer 1961 stand das Brandenburger Tor mitten im Sperrgebiet

1961 Bau der Berliner Mauer am 13. August.

1971 Das Viermächteabkommen garantiert die Transitwege und erleichtert den Besuch von West-Berlinern in Ost-Berlin.

1989 Friedliche Revolution in der DDR. Massenproteste gegen das Regime; Zehntausende verlassen das Land. Am 9. November fällt die Berliner Mauer.

1990 Am 3. Oktober wird die Wiedervereinigung vollzogen. Der Tag wird Nationalfeiertag.

1991 Berlin wird Regierungssitz und Bundeshauptstadt.

1994 Die Alliierten verlassen Berlin: Ende der Nachkriegszeit.

1999 Die Bundesregierung zieht nach Berlin.

2001 Neugliederung der Berliner Bezirke: aus 23 werden zwölf. Eröffnung des Jüdischen Museums Berlin.

2005 Das Denkmal für die ermordeten Juden Europas wird eingeweiht.

2006 Mit dem neuen Hauptbahnhof eröffnet der größte Umsteigebahnhof Europas.

2008 Der Flughafen Tempelhof wird geschlossen. Sechs Berliner Siedlungen des sozialen Wohnungsbaus der 1920er Jahre werden in die UNESCO-Welterbeliste aufgenommen.

Nach dem Fall der Mauer wollten viele erst einmal auf die Mauer

2012 Die geplante Eröffnung des Internationalen Flughafens Berlin Brandenburg muss verschoben werden.
Die Stadt feiert ihr 775-jähriges Bestehen.

2013 Grundsteinlegung für das Humboldt Forum.

2014 25. Jahrestag des Mauerfalls. Höhepunkt ist eine Lichtinstallation von zwölf Kilometern Länge entlang des ehemaligen Mauerverlaufs zwischen Ost- und West-Berlin.

2015 Richtfest für das Humboldt Forum auf dem Schlossplatz.
Die Stadt erinnert an 25 Jahre deutsche Wiedervereinigung.

2016 Nach den Wahlen zum Abgeordnetenhaus regiert eine Koalition aus Rot-Rot-Grün (R2G).

2017 Internationale Gartenausstellung (IGA) in den »Gärten der Welt« in Marzahn-Hellersdorf. 500 Jahre Reformation: 100 000 Besucher beim Kirchentag in Berlin. Internationales Deutsches Turnfest.

2018 Leichtathletik-Europameisterschaft im Olympiastadion und auf dem Breitscheidplatz.

2019 Die Stadt erinnert an 30 Jahre friedliche Revolution und Mauerfall.
Der Internationale Frauentag am 8. März wird in Berlin gesetzlicher Feiertag.

2020 Eröffnung des Flughafens BER geplant. ■

Bundeskanzlerin Angela Merkel und der ehemalige US-Präsident Barack Obama zum Evangelischen Kirchentag im Mai 2017

Anreise

Mit dem Flugzeug
Zentrale Flughafenauskunft:
www.berlin-airport.de

Berlin Tegel (TXL) ➡ dB4
Mit den Bussen 109 und X9 (Airport Express) in die City West, mit Bus 128 zum U-Bhf. Kurt-Schumacher-Platz, mit TXL via Hauptbahnhof nach Mitte.

Berlin in Zahlen und Fakten

Alter: Die Stadt entwickelte sich Ende des 12. Jh. aus den Kaufmannssiedlungen Cölln und Berlin. Die »Geburtsurkunde« stammt aus dem Jahr 1237.
Fläche: 892 km²
Lage: 34 bis 115 m über NN
Einwohner: 3,7 Mio.
Einwohnerdichte: 3947 Einwohner pro km²
Bevölkerungszusammensetzung: 640 000 Ausländer aus über 180 Staaten; rund 140 000 Personen umfasst die türkische Gemeinde, die weltweit größte außerhalb der Türkei.
Bildung: Berlin hat 39 Universitäten und Hochschulen mit rund 190 000 Studierenden.
Wirtschaft: Der Dienstleistungssektor, angeführt vom Tourismus, ist der wichtigste Wirtschaftszweig Berlins. Daneben spielen die Elektroindustrie und die Sparten Nahrungsmittel, Chemie, Maschinen- und Fahrzeugbau eine wichtige Rolle.
Tourismus: Berlin ist eines der wichtigsten nationalen und internationalen Städtereiseziele. Über 45 Prozent der Besucher sind internationale Gäste. Und Tourismus ist ein wichtiger Wirtschaftsfaktor: Mehr als zehn Milliarden Euro spülen Berlin-Touristen jährlich in die Kassen der Hauptstadt.

Transparente Demokratie: Blick auf das Parlaments- und Regierungsviertel mit der illuminierten Reichstagskuppel

Berlin Schönefeld (SXF) ➡ dD6
Die schnellste Verbindung in die City ist der Airport Express (RB7/RE14, 30 Min. vom Bhf. Schönefeld zum Hauptbahnhof); auch S-Bahn (S9/S45). Zum U-Bhf. Rudow verkehren Busse (X7, 171), dann weiter mit der U7 u. a. nach Kreuzberg, Schöneberg, Spandau.

Für die Fahrt zwischen Flughafen Schönefeld und City benötigen Sie ein Ticket für den Tarifbereich ABC (gültig in Bus und Bahn).

Mit der Bahn
Alle Fernzüge halten am Hauptbahnhof ➡ D6, weitere Stopps (je nach Strecke) an den Bahnhöfen Spandau, Ostbahnhof, Gesundbrunnen, Südkreuz. Bahnauskunft: ✆ 0180-699 66 33, www.bahn.de. Vom Hauptbahnhof Anschluss an die S-Bahn in Ost-West-Richtung (u. a. Zoologischer Garten, Friedrichstraße, Alexanderplatz). Die U55 fährt zum Brandenburger Tor, Bus M41 und M85 zum Potsdamer Platz, TXL nach Mitte.

Mit dem Bus
Zentraler Omnibusbahnhof Berlin (ZOB) ➡ bB2
Masurenallee 4–6, gegenüber dem Messegelände unter dem Funkturm, Charlottenburg
✆ (030) 30 10 01 75
www.zob.berlin
Ticketcenter in der Wartehalle tägl. 8–20 Uhr
Hier enden (und starten) alle Fernbuslinien. Anschluss in die Innenstadt: Ab Messe Nord/ICC mit der S41/42/46 oder ab Kaiserdamm mit der U2 oder mit den Bussen M49, 139, 218.

Mit dem Auto
Die Autobahnen aus München/Nürnberg (A9), Hannover (A2), Hamburg (A24), Rostock (A19), Dresden (A13) und Frankfurt/Oder (A12) münden in den Berliner Ring (A10). Mit Staus ist generell zu rechnen. In der Innenstadt ist die **grüne** Umweltplakette Pflicht.

Auskunft

visitBerlin
www.visitberlin.de, information@visitberlin.de

Call Center
✆ (030) 25 00 25, 25 00 23 33
Information, Reservierung von Hotels und Tickets für Veranstaltungen, Stadtrundfahrten und vieles mehr.

Tourist Information Berlin-Brandenburg ➡ dD5/6
Im Flughafen Schönefeld
Terminal A, Haupthalle, Erdgeschoss rechts
Tägl. 7–22 Uhr
Informationen zu Berlin und Brandenburg, Zimmervermittlung, Fahrkarten, WelcomeCard, Vermittlung von Stadttouren und weitere Dienstleistungen.

Berlin Tourist Informationen
– im Brandenburger Tor ➡ E7
Pariser Platz, südliches Torhaus, tägl. 9.30–18/19 Uhr
– im Hauptbahnhof ➡ D6
Erdgeschoss, Eingang Europaplatz, tägl. 8–21 Uhr
– im Europa-Center ➡ F4
Tauentzienstr. 9, Erdgeschoss
Tägl. außer So 10–20 Uhr

Von weit her führt der schnellste Weg nach Berlin häufig über den Flughafen Berlin Schönefeld (SXF)

– Hotel Park Inn by Radisson Berlin, Alexanderplatz
➡ D9
Mo–Sa 7–21, So 8–18 Uhr
– im Flughafen Tegel ➡ dB4
in der Haupthalle, tägl. 7–22 Uhr
Terminal A/Gate 1, tägl. 8–19 Uhr
Hier erhält man Auskünfte aller Art, kann eine Unterkunft reservieren, Veranstaltungstickets, Berlin-Souvenirs oder die WelcomeCard und den 3-Tage-Museumspass kaufen.

Feste, Veranstaltungen, Messen

Berlin feiert gern, deshalb gibt es im Sommer kaum ein Wochenende, an dem nicht in irgendeinem Stadtteil ein Straßenfest stattfindet, mal mit Schwerpunkt Rummel, mal mit Kultur und fast immer mit Gastronomie.

Straßenfeste (Auswahl):

Juni
Bergmannstraßenfest – Kreuzberg kocht und jazzt in der Bergmannstraße.
48 Stunden Neukölln – Kunst aus allen Sparten der Berliner Szene.

August
Internationales Berliner Bierfestival – erstes Augustwochenende an der Karl-Marx-Allee: Mehr als 200 Brauereien aus 75 Ländern bieten über 1700 verschiedene Bierspezialitäten an.

September
Burgfest auf der Zitadelle Spandau – Mittelalterspektakel

Ausgewählte Feste & Veranstaltungen:

Berliner Festspiele GmbH
Schaperstr. 24, 10719 Berlin
www.berlinerfestspiele.de
Veranstaltet u.a. das Festival für Zeitfragen **Maerz-Musik** (März), das **Theatertreffen der deutschsprachigen Bühnen** (Mai), das **Theatertreffen der Jugend**

40. Christopher Street Day 2018: My Body. My Identity. My Life

Ein Highlight des Jahres: die Internationalen Filmfestspiele

(Mai/Juni), das **Internationale Literaturfestival** (Sept.), die hochkarätige Konzertreihe **Musikfest Berlin** (Sept.) sowie das **JazzFest Berlin** (Anfang Nov.).

Januar
Sechs-Tage-Rennen – Ende des Monats

Februar
Internationale Filmfestspiele Berlin/Berlinale – www.berlinale.de

Pfingsten
Karneval der Kulturen – spektakuläres Straßenfest mit Musikern, Tänzern und Artisten nahezu aller Nationen, die in Berlin vertreten sind, Höhepunkt ist der Umzug mit rund 1 Mio. Zuschauern – www.karneval.berlin

Mai–September
Citadel Music Festival – Spandau, www.citadel-music-festival.de

Der »Karneval der Kulturen« wirbt für Völkerverständigung, Integration und Miteinander

Juni
Lange Nacht der Wissenschaften – www.langenachtderwissenschaften.de
Fête de la Musique – am 21. Juni klingt und singt es auf Straßen und Plätzen – www.fetedelamusique.de

Juni–September
Berlin Biennale für zeitgenössische Kunst – die nächste findet 2020 statt – www.berlinbiennale.de

Juli
Classic Open Air – am Gendarmenmarkt – www.classic openair.de
Christopher Street Day (CSD) – farbenfrohe Schwulen- und Lesbenparade – https://csd-berlin.de

Juli/August
Internationales Straßentheaterfestival »Berlin lacht!« – auf dem Alexanderplatz – www.berlin-lacht.de
Young Euro Classic – Jugendorchester aus aller Welt spielen Neues, Ungewohntes – www.young-euro-classic.de

August
Tanz im August – www.tanzimaugust.de
Lange Nacht der Museen – www.lange-nacht-der-museen.de
Tage der offenen Tür der Bundesregierung – Einblicke in den Regierungsalltag

August/September
Pop-Kultur – Musikfestival mit Konzerten, Lesungen, DJ-Sets, Filmscreenings und Performances – www.pop-kul tur.berlin

September
Berlin-Marathon – Marathon für Läufer, Inline-Skater, Power-Walker, Rollstuhl- und Handbikefahrer
Pyronale – Feuerwerkswettbewerb am Olympiastadion – www.pyronale.de
Lollapalooza Berlin – Mix aus Music, Fashion, Streetart, Food und Nachhaltigkeit, Olympiastadion und Olympiapark – www.lollapaloozade.com

Oktober
DMY – International Design Festival – https://berlinde signweek.com
Festival of Lights – Lichtinszenierungen auf Gebäuden und Plätzen – https://festival-of-lights.de

Oktober/November
Europäischer Monat der Fotografie Berlin (EMOP Berlin) – Ausstellungen und Veranstaltungen zu historischer und zeitgenössischer Fotografie in über 100 Institutionen (2-jährig: 2020) – www.emop-berlin.eu

Der Marathon im September zählt zu den größten Lauf-Events der Welt

Weihnachtsmarkt am Gendarmenmarkt

Dezember
Weihnachtsmärkte – ca. 60 Märkte in allen Stadtteilen von nostalgisch-romantisch bis zum Winterjahrmarkt

Messen:

Januar
Internationale Grüne Woche – Messehallen am Funkturm – www.gruenewoche.de

Januar/Juli
Berlin Fashion Week – Modenschauen, zweimal im Jahr – https://fashion-week-berlin.com

März
Internationale Tourismusbörse ITB – Messehallen am Funkturm – www.itb-berlin.de

September
IFA – Internationale Funkausstellung, weltgrößte Messe für Consumer Electronics, Messehallen am Funkturm – www.ifa-berlin.com
Berlin Art Week – Zeitgenössische Kunst in Messen und Ausstellungen – www.berlinartweek.de

Veranstaltungsorte:

Max-Schmeling-Halle ➡ A/B8/9
Am Falkplatz, Prenzlauer Berg
www.max-schmeling-halle.de
Sport (Bundesliga-Handball, -Volleyball) und Konzerte.

Mercedes-Benz-Arena ➡ F11
Mercedes-Platz 1, Friedrichshain
✆ (030) 20 60 70 88 99
www.mercedes-benz-arena-berlin.de

Multifunktionsarena für Sport-Highlights und Show-Events sowie Konzerte. Heimspiele von Alba Berlin (Basketball) und der Eisbären (Eishockey).

Olympiastadion und -park ➡ dC3
Olympischer Platz 3, Charlottenburg, Haupteingang Osttor
✆ (030) 25 00 23 22, www.olympiastadion-berlin.de
Besichtigung mit und ohne Führung tägl. (außer bei Veranstaltungen) April–Okt. 9–19, Aug. bis 20, Nov.–März 10–16 Uhr, Hertha BSC Tour Do 13.30 Uhr
Eintritt € 8/5,50 (inkl. Ausstellung zum Geschichtsort Olympiagelände in der Langemarckhalle), mit Führung € 11/9,50

Tempodrom ➡ F7
Möckernstr. 10, Kreuzberg
✆ (030) 74 73 70
Tickethotline ✆ 01806-55 41 11, www.tempodrom.de
Klassische Konzerte ebenso wie Rock und Pop, Reiterspektakel, Zirkus, Holiday on Ice.

Velodrom ➡ C12
Paul-Heyse-Str. 26, Prenzlauer Berg
✆ (030) 44 30 45, www.velodrom.de
Konzerte und Großveranstaltungen wie das Sechs-Tage-Rennen.

Waldbühne ➡ dC3
Glockenturmstr. 1, Charlottenburg
✆ 01805-57 00 70 (Tickets)

Konzerte in der Waldbühne sind ein unvergessliches Erlebnis

www.waldbuehne-berlin.de
www.eventim.de (Tickets)
Berlins schönste Open-Air-Bühne für 20000 Zuschauer.

Hinweise für Menschen mit Handicap

Das Signet »Berlin barrierefrei« kennzeichnet öffentliche Einrichtungen, Hotels, Restaurants, Museen und Geschäfte, die für Rollstuhlfahrer problemlos erreichbar sind und ausreichend Bewegungsfreiheit aufweisen. Andere Museen und Sehenswürdigkeiten sind für Rollstuhlfahrer über Aufzüge, Sondereingänge, Rampen etc. zugänglich. Oft werden auch spezielle Führungen/Einrichtungen für Sehbehinderte und Gehörlose angeboten (www.berlinfuerblinde.de). Moderne Veranstaltungshäuser und Einkaufszentren sind alle rollstuhlgerecht ausgestattet. Bei historischen Bauten wurde und wird so gut wie möglich – und wie es der Denkmalschutz zulässt – nachgebessert.

Die Busflotte der BVG (www.berlin.de/lb/behi/berlin-barrierefrei) ist komplett barrierefrei. U- und S-Bahnhöfe sind oft mit Aufzügen zu erreichen. Bahnhöfe verfügen über ein Blindenleitsystem.

Barrierefreie Stadtrundfahrten und Führungen bietet Accamino Reisen, ✆ (030) 74 92 43 91, www.accamino.de

Die ALBATROS gemeinnützige Gesellschaft für soziale und gesundheitliche Dienstleistungen sammelt und verbreitet Informationen zum Thema »barrierefreies Leben in Berlin« (www.mobidat.net).

Komplett barrierefrei: die Busse der BVG

Wenn Not am Mann ist

Notfälle, wichtige Rufnummern

Vorwahl für Berlin ✆ 030
Polizei ✆ 110
Feuerwehr/Notarzt ✆ 112
ADAC (Pannenhilfe)
✆ 01802-22 22 22
Ärztlicher Bereitschaftsdienst
✆ (030) 31 00 31, (030) 11 61 17
www.kvberlin.de
Privatärztlicher Bereitschaftsdienst
✆ (030) 255 55 36 43
Rollstuhlverleih
✆ (030)600300200
hilfsmittel@drk-berlin.de
Zahnärztlicher Notdienst
✆ (030) 89 00 43 33
BVG-Kundendienst und Fundbüro
✆ (030) 194 49
Deutsche Bahn AG Fundbüro
✆ 0900-199 05 99
www.bahn.de
Zentrales Fundbüro
✆ (030) 902 77 31 01

Presse

Tageszeitungen: Berliner Morgenpost, Berliner Zeitung, die tageszeitung (taz), Die Welt, Der Tagesspiegel, Neues Deutschland

Aus dem Stadtbild nicht wegzudenken: die Berliner Morgenpost

Boulevardzeitungen: Bild, BZ, Berliner Kurier
Stadtmagazine mit Informations- und großem Programmteil:
14-tägig: TIP, www.tip-berlin.de, Zitty, www.zitty.de
Monatlich: Berlin Programm, www.berlin-programm.de
Nur online: (030) mit Tagestipps, Szene-Infos und Partyadressen, http://berlin030.de
Zeitungsläden: Internationale Presse gibt es u. a. in allen Bahnhöfen.

Sightseeing, Touren

Mit dem Bus:

City Circle Tour
✆ (030) 88 04 19 33
www.city-circle.de
Best of Berlin Tour: 1 Tag € 22/11, 2 Tage € 26/13
Berlin Big Tic Tour: 2 Tage € 32/16, 3 Tage € 36/18
Stadtrundfahrt mit gelben Doppeldeckerbussen nach dem Hop-on-Hop-off-Prinzip. Es gibt eine gelbe Route (18 Haltestellen, tägl. alle 10 Min.) und eine lilafarbene Route (Wall Tour zu acht Haltestellen, alle 40 Min.). Informationen über Kopfhörer in 20 Sprachen. Erste Fahrt um 10 Uhr. Tickets am günstigsten online. Schiffstour kann zusätzlich gebucht werden.

Top Tour Sightseeing
www.top-tour-sightseeing.de
Ticket für 1 Tag € 24/12, für 2 Tage € 27/15

Stadtrundfahrt mit roten Doppeldeckerbussen nach dem Hop-on-Hop-off-Prinzip. Eine Route mit 20 Haltepunkten, Busse fahren im 15-Minuten-Takt ab 9.15 Uhr. Mit Live-Guide (dt./engl.), 15 Sprachen über Kopfhörer. Schiffstour kann zusätzlich gebucht werden.

Zu Wasser:

Berlin hat rund 180 km Wasserstraßen, einige Schiffe sind ganzjährig unterwegs.

Berliner Geschichtswerkstatt ➡ G5
Goltzstr. 49, Schöneberg
✆ (030) 215 44 50
www.berliner-geschichtswerkstatt.de
Ticket ab € 20, bis 14 J. frei
Dampferfahrten mit historischen Erläuterungen, Literatur und Musik oder zu speziellen Themen wie »Mauergeschichten« oder »Litera-Touren«.

Berliner Wassertaxi Stadtrundfahrten (BWTS) ➡ D8
✆ (030) 65 88 02 03
www.berlinerwassertaxi.de
Ticket € 15/7
Rundfahrten (1 Std.) starten am DomAquarée und am Zeughaus halbstündlich ab 10.15 Uhr.

Berlin bietet zuhauf idyllische Plätze im Grünen, etwa am Landwehrkanal

Exclusiv Yachtcharter & Schifffahrtsgesellschaft
✆ (030) 43 66 68 36
www.berlin-cityschiffsfahrten.de
Abfahrt: Holsteiner Ufer 32 und Mühlenstr. 1
Mit dem Raddampfer durch die City (1, 1,5 und 2 Std., ab € 13,50) und Brückenfahrt über Spree- und Landwehrkanal (€ 22,50/10,50). Do–So »Berlin am Abend« ab 19 Uhr.

Reederei Riedel
✆ (030) 67 96 14 70, www.reederei-riedel.de
Stadtkernfahrten (1 oder 1,5 Std.) zwischen Regierungsviertel und Nikolaiviertel; Spreefahrten (1,5 Std.) von Hansabrücke bis Mercedes-Benz Arena (und zurück); Brückenfahrten: große Citytouren (3,5 Std.) mit verschiedenen Zustiegsmöglichkeiten; abendliche Touren.

Stern- und Kreisschiffahrt GmbH
Puschkinallee 15, Treptow
✆ (030) 536 36 00, www.sternundkreis.de
Mehr als 30 »Erlebnistouren« auf allen Berliner Gewässern, Dauer von 1 Std. bis zur Ganztagesfahrt, z. B. historische Stadtrundfahrten (1 Std.) ab/bis Nikolaiviertel oder Haus der Kulturen der Welt und rund um die Müggelberge ab Hafen Treptow (5 Std.).

Per Rad:

Fahrradstation am Bahnhof Friedrichstraße ➡ D7/8
Friedrichstr. 95, Mitte
Eingang Dorotheenstr. 30

Das Nikolaiviertel kann man auch zu Wasser gut erkunden

✆ (030) 28 38 48 48, www.fahrradstation.com
Mo–Fr 10–19.30, Sa 10–18, So 10–16 Uhr
Fahrradvermietung und geführte Radtouren zu verschiedenen Themen (Mauer, Ost-West, Frauen etc.). Sechs weitere Vermietstationen (tägl. außer So) im Stadtgebiet und eine in Potsdam.

Mit dem Fahrrad durch Berlin

Berlin on Bike ➡ B9
Knaackstr. 97, Kulturbrauerei, Prenzlauer Berg
✆ (030) 43 73 99 99, www.berlinonbike.de
Fahrradvermietung und begleitete Citytouren mit Rädern – von der Mauertour über Oasen der Großstadt bis Berlin bei Nacht.

Velotaxi
Velo-Ruf ✆ 0178-800 00 41, www.velotaxi.de
Tägl. April–Okt. 10–20 Uhr, 30 Min. €24, 60 Min. € 42 oder 1 km € 7, jeder weitere € 5
Fahrrad-Rikschas fahren auf festen Strecken in der Stadt: Kurfürstendamm, Tiergarten, Potsdamer Platz und Unter den Linden. Individuelle Touren nach Absprache.

Spaziergänge:

art: Berlin ➡ F6
✆ (030) 28 09 63 90, 0172-383 50 81
www.artberlin-online.de
Themenschwerpunkte: Kunst, Design und Architektur; außerdem unter anderem »Draußen in Dahlem«, »Das französische Berlin«, Kiezrundgänge, Mode, versteckte Gärten, kulinarische Entdeckungen.

CITY GUIDE BERLIN ➡ dD2
Paul-Engelhard-Str. 60, 14469 Potsdam
✆ (03 31) 64 72 05 01, www.cityguideberlin.com
Nach individuellen Wünschen: Ungewöhnliche Touren zu Fuß, per Rad, im Oldtimer, auf dem Boot, im Heißluftballon oder im Hubschrauber. Auch Themenführungen.

StattReisen Berlin ➡ A5
Liebenwalder Straße 35 A, Wedding
✆ (030) 455 30 28, www.stattreisenberlin.de

Das Marie-Elisabeth-Lüders-Haus des Bundestags am Reichstagsufer

Schwerpunkte: Geschichte und Gegenwart (»Grenzgänge – grenzenlos« entlang dem ehemaligen Mauerstreifen, »Jüdisches Berlin«, »Muslime in Berlin«, »Dorfidyll und Industriekultur«, »Preußen, Paläste und große Politik«); biografische Spurensuche (»Brechts letzte Wege«), auf den Spuren von »Babylon Berlin« u. a. Außerdem Stadtteiltouren (»Weltstadt Kreuzberg« u. a.), Friedhofsführungen und Kindertouren (»Emils neue Detektive«).

Verband der Berliner Stadtführer
www.berlin-guide.org
Rund 300 ausgebildete und zertifizierte Guides führen durch die Stadt, je nach Kundenwunsch. Buchungen nach Vereinbarung.

Zeitreisen ➡ B10
Chodowieckistr. 10
✆ (030) 44 02 44 50
www.videobustour.de, www.zeit-reisen.de
Die Überblickstour »Zeitreise durch Berlin« (€ 23/17,50) führt zu bedeutenden Schauplätzen der Geschichte und liefert authentische Filmsequenzen dazu, vom Kaiserreich über das Dritte Reich bis zu Mauerbau und Mauerfall, jeden Sa 11 Uhr. Ein Renner ist die Tour »Filmstadt Berlin – Das Rollende Kino« zu den Drehorten und Schauplätzen berühmter Berlin-Filme, jeden 2. Sa, 13.30 Uhr. Außerdem: »Hauptstadt des Verbrechens«

(einmal im Monat). Gruppentouren auf Anfrage, u. a. »Die Babylon Berlin videoBustour«, eine Stadtrundfahrt in die Welt von Gereon Rath, und »Eine kulinarische Zeitreise – Berliner Genussgeschichten«.

Sonstiges:

Air Service Berlin & Commander Frank ➡ E/F7
Windhotline ✆ (030) 53 21 53 21
www.air-service-berlin.de
Weltballon Berlin, im Ballongarten am Checkpoint Charlie, Wilhelm-, Ecke Zimmerstr. Der **Fesselballon** eröffnet einen atemberaubenden Blick aus 150 m über die City (€ 19,90, 3–11 J. € 12). Wer einen noch größeren Überblick erhalten will, kann vom Flughafen Schönefeld im Helikopter aufsteigen. Rundflüge im Hubschrauber über Berlin und Brandenburg starten in Strausberg.

Weltballon Berlin

Museum Berliner Unterwelten

Berliner Unterwelten e.V. ➡ A7
Brunnenstr. 108 A, im U-Bhf. Gesundbrunnen, Wedding
Treffpunkt: Bad-, Ecke Hochstr., nahe U/S-Bhf. Gesundbrunnen
✆ (030) 49 91 05 17, www.berliner-unterwelten.de
U-Bahn-Schächte, Luftschutzbunker, Fluchttunnel, Brauereikeller, Rohrpost: Berlins Untergrund steckt voller Geschichten. Das **Berliner Unterwelten-Museum** (mit Führung durch »Dunkle Welten«) und weitere Touren geben Einblicke in die geheimnisvolle Welt unter Berlin.

Oldie Käfer Tour Berlin ➡ E7
Anmietung und Rückgabe: Leipziger Platz 9, Mitte
✆ (030) 206 20 19 41, www.oldie-kaefer-tour-berlin.de
Mit dem (West-)Kult-Auto individuell mit bis zu vier Personen auf Entdeckertour durch Berlin: ab 2 Std. für € 59,90 bis 8 Std. für € 189,90.

Spaziergang mit Friedrich dem Großen ➡ E7
Treffpunkt: vor dem Humboldt Forum (Lustgartenseite)
✆ (030) 45 02 38 74
www.koenig-friedrich.de
Tägl. 14 Uhr, € 15/9
Dr. Olaf Kappelt führt als Friedrich der Große unterhaltsam und kenntnisreich auf den Spuren des legendären Preußenkönigs durch die Hauptstadt.

In Berlin kann man auch mit dem Trabi durch die Stadt fahren

Trabi Safari ➡ E/F7
Start: Ballongarten am WELT-Ballon, Zimmer-, Ecke Wilhelmstraße, Mitte
✆ (030) 30 20 10 30
www.thewallride.com, www.trabi-safari.de
Ab € 79/Person bei 4 Personen pro Trabi, € 89 bei 2 Personen
Mit bunten Trabis im Konvoi zu Mauerpark, Todesstreifen, East Side Gallery und Checkpoint Charlie. Das Fahrgefühl ist gewöhnungsbedürftig. Live-Erklärungen über Funk. Für die einen ein riesiger Spaß, für andere ein ökologischer Frevel.

Segway-Touren
– **SEG2GO – Segway Point Berlin-Mitte** ➡ D8/9
Im City-Quartier DomAquarée
Karl-Liebknecht-Str. 5, Mitte
✆ (030) 75 63 95 93, www.seg2go.de
Die Segway-Tour durch Berlins Mitte (2,5 Std., Mo–Sa 10 und 15, So 12 Uhr) kostet € 69. Erfahrene Fahrer können einen Segway für € 29/Std. mieten.
– **City Segway Tours** ➡ D9
Panoramastr. 1 A, Mitte
✆ (030) 24 04 79 91, http://berlin.citysegwaytours.de
Geführte Tour durch die City oder zum Thema Berliner Mauer (jeweils 3 Std., € 67).

Verkehrsmittel

Berlin entdeckt man am besten mit öffentlichen Verkehrsmitteln, Parkplätze sind ohnehin rar und teuer. Es gibt drei Tarifzonen (AB, BC, ABC), wobei sich die meisten Touristen auf den Innenstadtbereich (AB) beschränken. Hier kostet das Ticket für eine Fahrt € 2,80/1,70 (gültig für 2 Std. mit Umsteigen, auch mit Unterbrechung, aber ohne Umwege und Rückfahrt). Die Kurzstrecke kostet € 1,70/1,30.

Die Tageskarte für € 7/4,70 (AB), € 7,40/5,10 (BC), € 7,70/5,30 (ABC) lohnt sich bereits ab drei Fahrten. Eine 4-Fahrten-Karte gibt es für € 9/5,60 (AB), € 12/8,40 (BC), € 13,20/9,60 (ABC) und für € 5,60/4,40 (Kurzstrecke, nur AB). Wer in kleinerer Gruppe reist, fährt günstig mit der Kleingruppenkarte (bis max. 5 Personen) für € 19,90 (AB), € 20,60 (BC) oder € 20,80 (ABC).

Die **WelcomeCard** gibt es in mehreren Versionen: Im **Tarifbereich Berlin** (AB) kostet sie für 48 Std. € 20, für 72 Std. € 29, für 4 Tage € 34, für 5 Tage € 38 und ist für eine Person gültig (inkl. 3 Kinder 6–14 J.). Die Welcome Card für **Berlin und Potsdam** (ABC, inkl. Flughafen Schönefeld) gilt jeweils für einen Erwachsenen und bis zu 3 Kinder bis einschließlich 14 Jahre und kostet für 48 Std. € 23, für 72 Std. € 32, für 4 Tage € 37, für 5 Tage € 42. Die **WelcomeCard Museumsinsel** gilt 72 Std. (AB, € 46) und bietet zur freien Fahrt in Berlin freien Eintritt in alle fünf Häuser auf der Museumsinsel. Zu allen Welcome Cards (es gibt sie auch für 6 Tage) gibt es ein Begleitheft mit Informationen und Gutscheinen für Ermäßigungen (25–50 %) bei Stadtrundfahrten, in Museen, Theatern und weiteren touristischen und kulturellen Attraktionen. Erhältlich bei der Tourist Information sowie in Hotels und den VBB-Verkaufsstellen.

Ein weiteres Angebot ist die **CityTourCard.** Sie gilt für eine Person im Bereich AB und kostet für 48 Std. € 16,90 (ABC: € 18,90), für 72 Std. € 24,50 (ABC: € 26,50) und für 5 Tage € 34,50 (ABC: € 37,50). Auch diese Karte gewährleistet Ermäßigungen.

Am Wochenende (Freitag- und Samstagnacht) gibt es durchgängigen **Nachtverkehr** auf zahlreichen S- und U-Bahnlinien. Nachtbus-Linien fahren nach Betriebsschluss der U-Bahn (an Werktagen ca. ab 0.30 Uhr) etwa alle 30 Minuten.

Autovermietungen
Europcar: ✆ (040) 520 18 80 00, www.europcar.de
Hertz: ✆ 01806-33 35 35, www.hertz.de
Sixt: ✆ (089) 66 06 00 60, www.sixt.de

Taxi vor dem Friedrichstadtpalast

Taxizentralen
Taxis sind auch zu bestellen mit der MyTaxi-App oder unter www.mytaxi.com.
City-Funk: ✆ (030) 21 02 02
EcoTaxi: ✆ (030) 210 10 20, www.ecotaxi.de
Funk Taxi Berlin: ✆ (030) 26 10 26
Quality Taxi: ✆ (030) 26 30 00
www.quality-taxi.de
Taxi Berlin: ✆ (030) 20 20 20, www.taxi-berlin.de
Taxi-Funk Berlin ✆ 0800-44 33 22
Würfelfunk ✆ (030) 21 01 01 ■

Die Neue Synagoge an der Oranienburger Straße in Spandau

Die **fetten** Seitenzahlen verweisen auf ausführliche Erwähnungen, *kursiv* gesetzte Begriffe bzw. Seitenzahlen beziehen sich auf den Service.

Das längste noch erhaltene Teilstück der Berliner Mauer befindet sich an der East Side Gallery

2019 Berliner Berg Brauerei: S. 149 u.
A-Trane, Berlin: S. 154 u., 155
Pier Adenis/laif, Köln: S. 148
Admiralspalast, Berlin: S. 166 o.
Alliierten Museum, Berlin/Chodan: S. 4 o. Mitte, 68
Arena Berlin: S. 167 u., 199 o., 199 Mitte
Backflasch/Oliver Doll: S. 169 o.
Balthazar Spreeufer 2, Berlin/White Kitchen: S. 133 u.
David Baltzer, Berlin/www.bildbuehne.de: S. 163 u., 164 u.
Norbert Banik, Berlin: S. 104 u.
Bauhaus-Archiv Berlin/Markus Hawlik: S. 69 u.
Berliner Kunstmarkt an der Museumsinsel/Fabian Bollig: S. 174 u.
Berliner Unterwelten e.V./Dietmar Arnold: S. 66; Holger Happel: S. 65, 222 o.
Bezirksamt Berlin Treptow-Köpenick, Wirtschaftsförderung: S. 44, 45
Bezirksamt Charlottenburg-Wilmersdorf, KHMM, Berlin: S. 56, 57
BIKINI BERLIN: S. 170
Boening/Zenit/laif, Köln: S. 72 u.
Botanischer Garten und Botanisches Museum, Berlin/I. Haas: S. 180
Britzer Garten, Berlin/Lutz Griesbach: S. 188
Bücherbogen am Savignyplatz, Berlin: S. 173 o.
CHAMÄLEON Theater, Berlin/Andy Phillipson: S. 166 u.
Wolfgang Chodan, Berlin: S. 146
Clärchens Ballhaus/Bernd Schönberger: S. 151
Computerspielemuseum, Berlin/Hans-Martin Fleischer: S. 179
DaliBerlin.de: S. 71
Daniel Biskup/laif, Köln: S. 204 u.
Deutsches Historisches Museum, Berlin: S. 201 u.
Deutsche Kinemathek/Christine Kisorsy: S. 72 o.
Deutsches Spionagemuseum, Berlin: S. 73
Dicke Wirtin, Berlin/We Love 2 Design: S. 137
Diekmann, Berlin/Boris Kralj: S. 135
EastSeven Berlin Hostel: S. 131
Einsunternull, Berlin/Hiroshi Toyoda: S. 145 o.
Ellington Hotel Berlin/Andreas Schulz: S. 124 o.
Eventmanagement in den Gärten der Welt, Berlin: S. 190
FÊTE DE LA BOUTIQUE, Berlin/Teresa Severin: S. 177 u.
Filmpark Babelsberg/Mathwig: S. 52
Frauenzentrum Schokoladenfabrik e.V., Berlin: S. 195 o.
Iko Freese/drama-berlin.de: S. 161 o.
Ganymed Brasserie, Berlin: S. 133 o.
Georg Kolbe Museum/Enric Duch: S. 74 u.
Joe Goergen, Berlin: S. 35
Grober Unfug, Berlin: S. 173 u.
Grün Berlin GmbH: S. 189
Hafenbar, Berlin/Yves Sucksdorff: S. 152
Bettina Hamann, Potsdam: S. 147 o.
Hasir, Berlin: S. 138 o.
HAU Hebbel am Ufer: S. 164 o.
Janina Heppner, Berlin: S. 165
Katja Hoffmann/laif, Köln: S.175 u.
HONIGMOND GmbH, Berlin: 130 u.
Hotel Adlon Kempinski, Berlin: S. 127, 145 u.
Hotel Oderberger Berlin: S. 129 o., 129 u.
Sandra Hoyn: S. 39 u.
Hüttenpalast/Jan Brockhaus: S. 130 o.
Hyatt International Corporation, Berlin: 126 u.
iStockphoto/AdventurePicture: S. 51; Concettina d'Agnese: S. 201 o.; aldorado10: S. 105; benedek: S. 111; bluejayphoto: S. 8/9, 31; Carol_Anne: S. 120; chrisdorney: S. 69 o.; Claudiodivizia: S. 11 o., 118; Matthew Dixon: S. 98 o.; gaiamoments: S. 223; hanohiki: S. 210 u.; Robert Herhold: S. 171; holgs: S. 90, 99, 172; Icenando: S. 116; Ingenui: S. 26; kamisoka: S. 36; lechatnoir: S. S. 10 Mitte, 117; Marcus Lindstrom: S. 18; Maxlevoyou: S. 100; mbbirdy: S. 3 r., 108 u.; Nikada: S. 2 Mitte, 2 r., 3 o., 6, 20, 30, 89, 95 o., 97, 107, 109, 207; Querbeet: S. 55, 96, 140 o.; Rolphus: S. 110; Sean Pavone Photo: S. 21; stocklapse: S. 5; typo-graphics: S. 54; VvoeVale: S. 32
Käfer AG, Berlin: S. 140 u., 141
Michael Kirsten, Berlin/graphoto.com: S. 185
Christoph Klopp, Berlin: S. 70, 149 o.
Konzerthaus Berlin/Guschera & Osthoff: S. 157
kopps, Berlin/Ilhami Terzi: S. 134
Landesarchiv Berlin: S. 204 o.
Emil Levy, Berlin: S. 144 u.
MACHmit! Museum, Berlin: S. 182 u.
Markthalle Neun; Berlin: S. 138 u., 139
Mauermuseum - Museum Haus am Checkpoint Charlie, Berlin: S. 78, 92
Mauritius Images/Alamy: S. 34 u.; imageBROKER/bernhard Freisen: S. 49
Möwenpick Hotels & Resorts, Berlin: S. 123 u.
Museumsdorf Düppel, Berlin/Thomas Pfuetzner: S. 184
nhow, Berlin: S. 124 u.; Mattias Hamren: S. 125 o.
NOSHE Photography, Berlin: 84
Orangerie Berlin GmbH: S. 160 o.
PalaisPopulaire/Mathias Schormann: S. 81 u.
Pirates Berlin: S. 196 u.
Premium Entertainment GmbH/Jan Bitter: S. 11 u., 168 o.
Reingold Berlin/David Wiedemann: S. 150
Restaurant Horváth, Berlin: S. 143; White Kitchen: S. 142 u.
Restaurant Tim Raue, Berlin/Wolfgang Stahr: S. 144 o.
Yan Revazov, Berlin: S. 161 u.
Rocco Forte Hotels, Berlin: S. 122
Sage Club, Berlin/TambolyDesign: S. 154 o.
Herbert Schlemmer, Berlin: S. 2 l., 119 Mitte
Tom Schulze ©asisi: S. 82
Dagmar Schwelle/laif, Köln: S. 38 o.
Shutterstock/360b: S. 205; aldorado: S. 22; Anticiclo: S. 63; andersphoto: S. 80; ArTono: S. 29; Roman Babakin: S. 232; canadastock: S. 24, 94, 202; cbies: S. 203; Cineberg: S. 215; csp: S. 225; Claudio Divizia: S. 28; Christian Draghici: S. 192; Ewa Draze: S. 209; ebenart: S. 58, 59; ET1972: S. 224; EQRoy: S. 123 o.; Footage from Berlin: S. 37 u.; frantic00: S. 114 o.; Grischa Georgiew: S. 47; Gestur Gislason: S. 214; Tom Gowanlock: S. 95 u.; Edward Haylan: S. 61; Shanti Hesse: S. 198; hinterhof: S. 112; Kris Ivanov: S. 108 o.; Juraj Kamenicky: S. 212; karnizz: S. 93; Sergey Kelin: S. 39 o.; kerenby: S. 119 o.; Mirko Kuzmanovic: S. 222 u.; Marta Kwiatkowska: S. 229; LaMiaFotografia: S. 43, 50; laranik: S. 98 u.; lindasky76: S. 132; MagMac83: S. 27, 91 u.; Anamaria Mejia: S. 88; Michael715: S. 208, 216; michelangeloop: S. 19; Moskwa: S. 4 o., 42; Christian Mueller: S. 126 o.; nito: S. 106; Sergiy Palamarchuk: S. 15; photoua: S. 91 o.; Andre Piecuch: S. 77 u.; pio3: S. 181, 182 o.; posztos: S. 101; r_classen: S. 136 o.; Faviel Raven: S. 183; Sinuswelle: S. 218; Alfred Sonsalla: S. 64; SpandowStockPhoto: S. 34 o.; Werner Spremberg: S. 219; Takashi Images: S. 40; Massimo Todaro: S. 23; tichr: S. 104 o.; TWvanUrk: S. 121; VanderWolf Images: S. 25 u.; vasi2: S. 159; Vitalii Vitleo: S. 221; vvoe: S. 83; yegorovnick: S. 38 u.
Sierra Germany GmbH, Berlin: S. 169 u.
Staatliche Museen zu Berlin: S. 81 o., 85
Staatsoper Unter den Linden, Berlin/Marcus Ebener: S. 162
Stadtmuseum Berlin/Christian Kielmann: S. 79; Michael Setzpfandt: S. 103
M. Stefanowski, Berlin: S. 168 u.
Stage Entertainment: S. 163 o.
stephanlemke.com für 25hours Hotels, Berlin: S. 125 u.

Stiftung Preußische Schlösser und Gärten Berlin-Brandenburg (SPSG)/Hans Bach: S. 53, 113, 193
Tempelhof Projekt GmbH, www.thf-berlin.de: S. 194
The Mandala Hotel, Berlin/Hiroshi Toyoda: S. 142 o.
Tierpark Berlin: S. 187 o.
Tourismusverband Dahme-Seen e.V.: S. 46
Bernd Uhlig, bernd.uhlig.fotografie@t-online.de: S. 160 u.
vabali spa Berlin: S. 195 u.
Vertical Sports Events GmbH, Taufkirchen: S. 87
visitBerlin: S. 196 o., 213; Pierre Adenis: S. 156; Tanja Koch: S. 74 o., 210 o.; Philip Koschel: S. 136 u., 174 o., 176, 217; Christo Libuda: S. 41; Wolfgang Scholvien: S. 1, 10 o., 10 u., 16, 17, 25 o., 33, 77 o., 102 u., 114 Mitte, 114 u., 177 o., 187 u., 211, 220; Günter Steffen: S. 3 Mitte, 37 o., 75, 102 o., 158
VISTA POINT Verlag (Archiv), Rheinbreitbach: S. 4 u., 14, 200, 206
Gerhard Westrich/laif, Köln: S. 199 u.
Waldorf Astoria, Berlin/2019 Hilton: S. 128
Wannseeterrassen, Berlin: S. 197
Weekend Club, Berlin: S. 4 o. r., 153
Whisky & Cigars, Berlin/Sebastian Burgold: S. 178
Wikipedia/Stephan M. Höhne: S. 48; Times: S. 186; CC BY-SA 3.0/Zyance: S. 191
Wintergarten Berlin: S. 167 o.
www.dieausloeser.net, Berlin: S. 175 o.
Zillemarkt, Berlin: S. 147 u.
Zillemuseum, Berlin: S. 86
Zitadelle Spandau, Berlin/Friedhelm Hoffmann: S. 115

Titelbild: Die illuminierte Reichstagskuppel, Foto: iStockphoto/mbbirdy
Umschlagrückseite: Gendarmenmarkt (links/s. S. 24), Sony Center am Potsdamer Platz (Mitte/s. S. 106), Holocaust-Memorial (rechts/s. S. 117)
Schmutztitel (S. 1): Besucher der Reichstagskuppel
Seite 2/3 (v. l. n. r.): Graffiti an der East Side Gallery; Ludwig-Erhard-Ufer; Hackesche Höfe; Potsdamer Platz; U-Bahnhof Görlitzer Bahnhof; Reichstag
Seite 4 (v. l. n. r.): Berlin Wannsee; Allierten Museum; Berlin bei Nacht/House of Weekend
Seite 10/11: Bode-Museum auf der Museumsinsel (S. 10 o.), Denkmal für die ermordeten Juden Europas/Holocaust-Mahnmal (S. 10 Mitte), Brandenburger Tor (S. 10 u.), Gedenkstätte Berliner Mauer (S. 11 o.), Astor Film Lounge (S. 11 u.)

Mit Textbeiträgen aus **1000 Places To See Before You Die – Deutschland · Österreich · Schweiz** von Christine Berger, Die Journalisten, Christian Nowak, Holger Möhlmann, Detlef Schmalenberg, Horst Schmidt-Brümmer und Patricia Schultz.

Reihenkonzeption: Andreas Schulz & VISTA POINT-Team
Bildredaktion: Kathrin Fäller
Lektorat: JB Bild | Text | Satz
Layout: Britta Wilken
Reproduktionen: Henning Rohm, Köln; Noch & Noch, Datteln
Kartographie: Huber Kartographie GmbH, Unterschleißheim
Netzplan S-/U-Bahn: © 2019 Kartographie Berliner Verkehrsbetriebe (BVG)
Druckerei: Florjançiç tisk d.o.o., Slowenien

ISBN 978-3-96141-388-1

An unsere Leser!
Die Informationen dieses Buches wurden gewissenhaft recherchiert und von der Verlagsredaktion sorgfältig überprüft. Nichtsdestoweniger sind inhaltliche Fehler nicht immer zu vermeiden. Für diese übernimmt der Verlag keine Haftung. Für Ihre Korrekturen und Ergänzungsvorschläge sind wir dankbar.

VISTA POINT Verlag
Rolandsecker Weg 30 · 53619 Rheinbreitbach
Telefon: +49 (0)2224/7795-0 · Fax: +49 (0)2224/7795-100
info@vistapoint.de · www.vistapoint.de · www.facebook.de/vistapoint

Blick auf den Fernsehturm